Stefan Knobloch

Honig aus dem Felsen

Stefan Knobloch

Honig aus dem Felsen

Biblische Impulse auf dem Weg des Lebens

Fromm Verlag

Imprint

Cover image: www.ingimage.com

Publisher:
Fromm Verlag
is a trademark of
Dodo Books Indian Ocean Ltd. and OmniScriptum S.R.L publishing group

120 High Road, East Finchley, London, N2 9ED, United Kingdom
Str. Armeneasca 28/1, office 1, Chisinau MD-2012, Republic of Moldova, Europe
Managing Directors: Ieva Konstantinova, Victoria Ursu
info@omniscriptum.com

Printed at: see last page
ISBN: 978-3-8416-0007-3

Stefan Knobloch

Honig aus dem Felsen

Biblische Impulse auf dem Weg des Lebens

Inhaltsverzeichnis

Vorwort

Biblische Impulse auf dem Weg des Lebens: Suchende, Fragende sind wir ein Leben lang.

Mit dem Suchen ist es so eine Sache. Wenn ich meinen Autoschlüssel suche, weiß ich, wonach ich suche. Da benötige ich keine biblischen Impulse, allenfalls einen klaren Kopf, der mir sagt, wo ich den Schlüssel zuletzt hingelegt habe. Es gibt auch eine Suche, bei der ich nicht genau weiß, wonach ich suche, zum Beispiel wenn ich in Versand- und Reisekatalogen blättere. Ich weiß nicht, woran ich haften bleibe und was mein Interesse finden wird. Auch dazu benötige ich keine biblischen Impulse. Da reicht eine E-Mailadresse, unter der ich meine Bestellung aufgeben kann.

Aber es gibt auch andere Formen der Suche, zum Beispiel in der Form: „Bauer sucht Frau“. Da geht die Suche schon tiefer, da betrifft sie in der Tat das ganze Leben. Ja, da ist sie ein Signal dafür, dass wir im Grunde ein Leben lang Fragende, Suchende, Orientierungsbedürftige sind. Wir haben Lebenshunger. Wie diesen Hunger stillen?

Wonach hungert uns eigentlich? Wir sind in unserem Leben nicht nur auf der Suche „nach etwas“, was wir klar benennen können, sondern auch auf einer Suche, deren Ziel wir nicht mehr klar benennen können. Sie bestimmt unser Wesen, sie nimmt uns in Beschlag, in ihr werden wir uns zum Rätsel. Im Bereich dieser Suche, die sich nicht auf bestimmte Regionen unseres Lebens eingrenzen lässt, können uns Impulse aus der Bibel auf dem Weg des Lebens weiterhelfen. Es sind Impulse aus einem mehrtausendjährigen Erfahrungsschatz, den Menschen in der Erfahrung mit Gott gesammelt und an spätere Generationen weitergegeben haben.

In diesem Sinn verstehen sich die Gedanken dieses Bändchens als Impulse auf dem Weg des Lebens, als Impulse für Suchende, für Fragende. Man kann irgendwo zu lesen beginnen und ebenso zu lesen aufhören. Es gibt keine Reihenfolge. Hier gilt dieselbe Freiheit und Spontaneität wie beim Durchblättern von Reise- und Veranstaltungskatalogen.

Warum aber der Titel „Honig aus dem Felsen“? Es ist ein Bild aus Psalm 81, in dem Jahwe um die Treue seines Volkes buhlt: „Ich würde es nähren mit bestem Weizen und mit Honig aus dem Felsen sättigen“ (Ps 81,17). Es herrschte die Vorstellung, wilde Bienen würden ihren Honig in Felsenhöhlen ablegen. Ein schönes Bild, dem unser Titel eine weitere Deutung unterlegt: In unseren Tagen ist die Bibel für nicht wenige zu einem schwer zugänglichen oder gar abweisenden Felsen geworden, der aber gleichwohl in seinen Höhlungen Honig, köstlichen Honig für unser Leben birgt. Warum sollte sich die Suche nach diesem „Honig“ im Gelände der Bibel für uns nicht lohnen?

Passau, Ostern 2011 Der Verfasser

Würde der Schöpfung

Aus Psalm 8

Du hast den Menschen nur wenig geringer gemacht als Gott. Du hast ihn als Herrscher eingesetzt über das Werk deiner Hände.

Wer in diesem Jahr über die Schöpfung nachdenken will, muss eine schwere Hürde nehmen. Wir stehen unter dem Schock schrecklicher Bilder aus Japan. Der Bilder der Zerstörung, der Verwüstung unvorstellbaren Ausmaßes. Und unter dem Schock der Beklemmung ganz Japans, ja rund um den Globus, dass die atomare Verseuchung die Menschheit an den Rand der Vernichtung treiben kann. Angesichts solcher Bilder stellt sich die Frage, ob die Schöpfung, von der wir sagen, sie sei ein Kosmos, in Wahrheit nicht ein Chaos ist. Die zerstörerischen Kräfte sich gegeneinander schiebender Erdschollen, die die Erde erbeben lassen, passen sie zum Wunderwerk der Schöpfung? Ist die Rede von der Schöpfung in Gottes guter Hand ein Mythos, der der Realität nicht standhält?

Menschen früherer Zeiten, wie zum Beispiel der Psalmist des Psalms 29, scheinen eher in der Lage gewesen zu sein, elementare apokalyptische Chaoserfahrungen in ihr Bild der Schöpfung als Werk Gottes zu integrieren. Psalm 29 handelt nicht nur von einem heftigen Gewitter, bei dem die Zedern des Libanon wie Streichhölzer brechen. Er handelt in beredten Bildern von einem Beben, von einem Erdbeben: „Er - Gott, der Herr - lässt den Libanon hüpfen wie ein Kalb, wie einen Wildstier den Sirjon" (Ps 29,6). Bilder eines Bebens sind das. Heute freilich wird der Glaube an den Schöpfergott nicht erst bei Naturkatastrophen in Frage gestellt. Er ist längst einer Haltung gewichen, in der der Mensch das Universum als eine an ihn gestellte Herausforderung und Aufgabe wahrnimmt, und als nichts anderes. Wenn wir von Schöpfung sprechen, dann schwingt darin in der Regel keinerlei Bezug zu Gott mit. Wir nehmen sie als unseren Lebensraum wahr, dem wir unseren Stempel aufdrücken. Dem widerspricht nicht, dass das Thema der Bewahrung der Schöpfung in den letzten Jahrzehnten zu einem zentralen Thema geworden ist. Ihm fehlt aber der Aspekt, von wem dem Menschen die Schöpfung anheim gegeben worden ist.

Angesichts dieser Kurzsichtigkeit tut es gut, einmal den Wahrnehmungshorizont des Psalms 8 einzunehmen: *Du - Gott - hast den Menschen als Herrscher eingesetzt über das Werk deiner Hände, hast ihm alles zu Füssen gelegt: all die Schafe, Ziegen und Rinder und auch die wilden Tiere, die Vögel des Himmels und die Fische im Meer, alles, was auf den Pfaden der Meere dahinzieht.* Sofern man nicht auf dem Land wohnt, kann einen bei diesen Sätzen ein wehmütig-romantisches Gefühl überkommen. Aus der Kindheit kann einem der Urlaub auf dem Bauernhof einfallen, bei dem man Tiere streicheln durfte und der Vater die Szene festhielt. Von Dinosauriern handelt Psalm 8 nicht mehr. Von ihnen wusste er nichts mehr. Über sie war die Entwicklungsgeschichte längst hinweggeschritten. Die dem Menschen übertragene Verantwortung für die Schöpfung bezieht sich nicht auf die Garantie ihres „status quo", dass alles so bleibe, wie es ist. Sie schließt die Offenheit für Entwicklungen, die in Gang sind, ein. Das meint auch eine Offenheit für vom Menschen initiierte Veränderungen, für die kulturelle Gestaltung des Lebensraums der Welt. Da meldet sich in unseren Köpfen rasch der abwehrende Begriff der Manipulation. Der Mensch solle an die Schöpfung nicht „Hand anlegen", was „manipulieren" wörtlich heißt. Aber es gibt doch auch ein schonendes, behütendes und Schöpfung gestaltendes Manipulieren, ein Hand anlegen ohne zerstörerischen Charakter. Nach Psalm 8 soll dem Hand anlegen das Motiv der Schöpfung als Werk Gottes zugrunde liegen. Dann schwingt in ihm Ehrfurcht, ja Gehorsam gegenüber der Schöpfung mit.

Johannes Paul II. wies in seiner Sozialenzyklika „Sollicitudo rei socialis" von 1987 unter drei Aspekten auf unsere Achtung vor der Schöpfung hin: „Die erste besteht darin, dass es angemessen ist, sich zunehmend dessen bewusst zu werden, dass man nicht ungestraft von den verschiedenen lebenden oder leblosen Geschöpfen - Naturelemente, Pflanzen, Tiere - rein nach eigenem Gutdünken und entsprechend den eigenen wirtschaftlichen Erfordernissen Gebrauch machen kann. Im Gegenteil, man muss der Natur eines jeden Wesens und seiner Wechselbeziehung in einem geordneten System wie dem Kosmos

Rechnung tragen. Die zweite Überlegung gründet sich ... auf die ... Feststellung von der Begrenztheit der natürlichen Hilfsquellen, von denen sich einige, wie man sagt, nicht regenerieren. Diese Quellen mit absolutem Verfügungsanspruch zu benutzen, als ob sie unerschöpflich wären, bringt ihr Fortbestehen nicht nur für die gegenwärtige Generation, sondern vor allem für die künftige in ernste Gefahr. Die dritte Überlegung bezieht sich ... auf die Folgen, die eine gewisse Art von Entwicklung auf die Lebensqualität in den Industriegebieten hat. Wir wissen alle, dass ein direktes oder indirektes Ergebnis der Industrialisierung immer häufiger die Verschmutzung der Umwelt ist, mit schwerwiegenden Folgen für die Gesundheit der Bevölkerung" (Nr. 34).

Was der Papst damals sagte, trifft zu. Aber nimmt die Schöpfung damit nicht gewissermaßen die Aura einer „Unschuld in Person" ein? Als könne sie kein Wässerchen trüben? Als rühre alles Unheil und alles Katastrophische vom „Herrschen" des Menschen her? Das lässt sich angesichts von Erdbeben und Tsunamis und ihrer Opfer nicht halten. Darüber hinaus kommen Zweifel bei einem genaueren Blick in die Natur auf. Als es in der zweiten Hälfte der 90er Jahre des letzten Jahrhunderts dem schottischen Roslin-Institut gelang, das Schaf „Dolly" zu klonen, ging ein Aufschrei der Betroffenheit um die Welt. Die Wissenschaft dürfe sich nicht die Rolle Gottes anmaßen. Hier aber muss die kritische Gegenfrage erlaubt sein, so sehr sie im ersten Augenblick überraschen mag, ob durch das experimentelle Klonen von *Tieren* tatsächlich die Ordnung der Schöpfung und die Ordnung Gottes gestört wird. Geht es denn in der Schöpfung immer nur ordentlich zu? Darwin hatte darauf aufmerksam gemacht, dass die Natur auf dem Weg der Evolution keine ethischen und moralischen Gesetze und Grenzen kennt. Sie lasse auf dem Weg zum Erfolg Hekatomben von Opfern zurück. Sie sei verschwenderisch, sie arbeite mit riesigen Überschüssen, um die sie sich nicht kümmere, die sie verrotten lasse.

Das spreizt sich mit unserer Ordnungsvorstellung des Kosmos. Die Natur kommt gewissermaßen nicht ohne Obszönitäten, nicht ohne „Schlachtbanken" aus. Ahmt also die Wissenschaft in ihren Klonierungsversuchen mit *Tieren* im Grunde nur die verschwenderische, ja die „grausame" Natur nach? Eine heikle Frage, die uns die Augen dafür öffnen kann, dass die Natur als Werk Gottes nicht einfach ein Ausbund an Unschuld ist. Sie ist verschwenderisch, launenhaft, unberechenbar. Sie hat kein Problem damit, wenn unter ihren Schafen ein geklontes Schaf „Dolly“ mitläuft.

Aber das ist eben noch nicht alles. „Du hast den Menschen als Herrscher über das Werk deiner Hände eingesetzt.“ Wir sind über ein Werk eingesetzt, das uns, je mehr wir in seine inneren Strukturen eindringen, immer mehr Rätsel aufgibt und uns Achtung, Ehrfurcht und Gehorsam abverlangt. Psalm 8 stellt einen engen Zusammenhang zwischen dem Herrschen über die Schöpfung und der Würde des Menschen her. „Du hast ihn nur wenig geringer gemacht als Gott.“ Das besagt nicht, dass uns unsere Nähe zu Gott auf der anderen Seite immer mehr von der Schöpfung entfernt. Wir sind nicht etwas Besseres, etwas Besonderes, so dass wir der Schöpfung keine Beachtung schenken müssten. Sollten wir unsere Würde aus der Distanz zur Schöpfung definieren? Nein, die Betonung unserer Würde liegt nicht in unserer Distanz zur Schöpfung begründet. Sie gründet in dem, was Schöpfung und uns verbindet. Damit ist von mehr die Rede als von der Selbstverständlichkeit, dass wir ein Teil der Schöpfung sind und insofern immer schon zu ihr gehören, sei es als ihre „Krone“ oder als ihre „Dornenkrone“, wie manche meinen. Nein, hier kommt es auf ein bestimmtes Verständnis, auf eine bestimmte Begründung der Würde des Menschen an.

Der Begriff der Menschenwürde ist heute zwar in aller Munde, aber er droht in seinem häufigen Gebrauch an Substanz zu verlieren. Nach Immanuel Kant besteht des Menschen Würde darin, dass er nicht bewertet werden kann. Seine Würde ist nicht nach Wert, nach Warenwert, nicht nach Verwendbarkeit zu bemessen. Sie besteht vielmehr darin, einer Bewertung entzogen zu bleiben. Mit der Bewertung des menschlichen Lebens wird der erste Schritt in den Bereich der Frage getan, ob ein Leben lebenswert oder nicht eher lebensunwert sei. Man denke an die Diskussion der Präimplantationsdiagnostik, kurz PID genannt. Des Menschen Würde liegt jenseits aller Wert- und Unwertvorstellungen. Sie ist nicht klar zu fassen, zu definieren, und erweist darin den Charakter ihrer Würde. In diesem Charakter liegt das auch uns mit der Schöpfung Verbindende. Was wir von der Schöpfung zu wissen meinen, was wir von ihr wahrnehmen, erkennen und uns zu eigen machen, das nimmt ihr nicht ihre Rätselhaftigkeit, ihre Verschlossenheit, ihre Dunkelheit, ja, ihre Würde. Denn mit jeder neu gewonnenen Erkenntnis wächst paradoxerweise unser Nichtwissen über sie. Damit haftet der Schöpfung in analoger Weise die Aura der Würde an, die auch dem Menschen eigen ist. Die Schöpfung und Mensch verbindende Aura der Würde verweist auf beider undefinierbare Herkunft: auf Gott.

Das Buch Jesus Sirach hat die rätselhafte Würde der Schöpfung in einem geradezu lyrischen Lobpreis auf die Größe Gottes so zum Ausdruck gebracht: „Die Menge des Verborgenen ist größer als das Genannte … Alles hat der Herr gemacht“ (Sir 43,32-33). Das Verborgene, nicht nur das uns zurzeit noch Verborgene, sondern das uns an der Schöpfung grundsätzlich verborgen Bleibende verbindet uns mit der Schöpfung. In diesem Wissen sollen wir als die wenig Geringeren als Gott über die Schöpfung herrschen: schonend, behütend, gestaltend.

Lebenshorizont

1 Joh 3,1-6

Seht, wie groß die Liebe ist, die der Vater uns geschenkt hat: Wir heißen Kinder Gottes, und wir sind es. Die Welt erkennt uns nicht, weil sie ihn nicht erkannt hat. Liebe Brüder und Schwestern, jetzt sind wir Kinder Gottes. Aber was wir sein werden, ist noch nicht offenbar geworden. Wir wissen, dass wir ihm ähnlich sein werden, wenn er offenbar wird; denn wir werden ihn sehen, wie er ist. Jeder, der dies von ihm erhofft, heiligt sich, so wie Er heilig ist. Jeder, der die Sünde tut, handelt gesetzwidrig; denn Sünde ist Gesetzwidrigkeit. Ihr wisst, dass er erschienen ist, um die Sünde wegzunehmen, und er selbst ist ohne Sünde. Jeder, der in ihm bleibt, sündigt nicht. Jeder, der sündigt, hat ihn nicht gesehen und ihn nicht erkannt.

Unvermittelt sich diesem Text ausgesetzt zu sehen, mag befremden. Er mag dazu verleiten, gleich weiter zu blättern. Er überfällt uns mit Begriffen, die wir nicht nur nicht verstehen, sondern zu denen wir eine deutliche Distanz verspüren. Begriffe wie Gotteskindschaft, Offenbarwerden Gottes, Sünde und Gesetzwidrigkeit wehen uns fremdartig an. Vor allem wenn man bedenkt, dass dieses Textsegment als weihnachtlicher Text dient. Es trifft in den Weihnachtstagen auf Menschen in einer Gestimmtheit, die vielleicht den Kokon der Alltäglichkeit für einige Stunden oder Tage abgestreift und vorsichtig ihre Antenne auf religiösen Empfang ausgefahren haben. Der Text scheint alles zu tun, um fremd zu bleiben wie eine verschlüsselte Depesche, die nicht zu dechiffrieren ist. Vielleicht aber hat er zuletzt doch, wenn diese Assoziation erlaubt ist, eine gewisse Ähnlichkeit mit Weihnachtsgeschenken, die alle aus ihrer Verpackung gelöst werden müssen. Auch die Sätze aus dem ersten Johannesbrief müssen aus ihrer historischen Verpackung gelöst werden. Denn von ihrem Denkhorizont trennen uns ca. 1900 Jahre. Was aber nicht gleich heißen muss, dass uns über den Transfer von 1900 Jahren nicht ein minimaler Bezug zu ihnen erhalten geblieben sein kann. Freilich weniger zu ihrer Sprachform als zu ihren Inhalten. Wir müssen an ihre Inhalte heran, wie bei den

Weihnachtsgeschenken oder, um es in einem profaneren Bild auszudrücken, wie beim Essen von Muscheln.

In der Weihnachtszeit mag es enttäuschen, wenn so ein Text die vorsichtig ausgefahrenen religiösen Antennen nicht weihnachtlich zu bedienen versteht. Ihm fehlt offenbar jeder Hinweis, jeder Gedanke an die Geburt des Herrn. Sie scheint nicht vorzukommen. Doch das scheint nur so. Denn genau betrachtet entfaltet der Text seine Gedanken auf der Basis der Erfahrung der Menschwerdung Gottes, auf der Basis der Erfahrung der Menschwerdung des Gottessohnes.

Gott, der Vater, habe uns seine große Liebe geschenkt. Der Johannesbrief greift hier zu einer Kurzformel, zu einer Bekenntnisformel, die ihre Gewissheit aus der menschlichen Erfahrung der Heilsgeschichte Gottes bezieht. Dabei dürfen wir nie vergessen, was schon für die Bibel gilt, dass wir in unserer Begrenztheit nie vollends an das herankommen, was wir die Menschwerdung Gottes, was wir theologisch die Inkarnation, wörtlich die Einfleischung Gottes nennen. Aber wir kommen auf den richtigen Geschmack, wenn wir ahnen, dass Gottes Sohn ein „eingefleischter" Mensch wurde. Gleichwohl loten unsere Begriffe, unsere Sprache, unsere Imagination, unser Denk- und Glaubenshorizont nie aus, was wir die Menschwerdung Gottes nennen. Das ging schon dem ersten Johannesbrief so, der die Zuflucht zu einem Bild nimmt, indem er sagt, dass Gott uns seine große Liebe geschenkt habe.

Er greift zu einem weiteren Bild, um das Wirkungsfeld der Liebe Gottes zu beschreiben. Wir dürfen uns im Horizont der Menschwerdung des Gottessohnes als „Gotteskinder" verstehen. Das soll keine Infantilismen wecken, mit denen man uns einst als Kindern Gott nahe zu bringen versucht hat. Es meint jene von Liebe geprägte Beziehung, die Gott zu uns hat, zu allen, die menschliches Antlitz tragen. Dabei sagt der erste Johannesbrief nicht, wir seien erst durch die Geburt Jesu Kinder Gottes *geworden*, was wir, was die Menschen vorher nicht gewesen seien. Vielmehr sagt der Johannesbrief, dass die Geburt Jesu unüberbietbar bestätigt und einen nicht mehr zu toppenden Ausdruck dafür darstellt, dass die Menschen Kinder Gottes *sind*. Ein Status, der nicht zuerst von ihrer subjektiven Realisierung abhängt, sozusagen von ihrer reflexen Übernahme, dass sie Kinder Gottes sind, sondern der zuerst und grundlegend das prinzipielle Interesse Gottes an ihnen in den Raum stellt. Das war den ersten christlichen Gemeinden offensichtlich an der Botschaft Jesu beglückend aufgegangen.

Für uns heute aber scheint die Rede von den „Kindern Gottes“ nur schwer aus der Ecke peinlicher Infantilität herauszuholen zu sein. Sie scheint all unsere oft so bedrückenden, uns vor Rätsel stellenden, uns sprachlos und manchmal vor Wut und Enttäuschung kochend machenden Lebenserfahrungen auszublenden und fromm zu überblenden. Sie hält unserem konkreten Leben nicht stand. Ja, sie lässt negative Assoziationen hochkommen, Assoziationen wie diese, dass mit der Rede von der Kindschaft Gottes dem Leben Schranken auferlegt werden, von denen sich der moderne Mensch längst erfolgreich emanzipiert hat. Sollte auch nur ein Rest dieser Einschätzung in uns vorhanden sein, würde das anzeigen, dass wir vom richtigen Verständnis der Gotteskindschaft weit entfernt sind. Um uns dem zu nähern, was Gotteskindschaft meint, ist es am besten, vom Begriff „Kind Gottes“ ganz abzusehen. Denn er ist ja seinerseits nur ein Bild für eine Wirklichkeit, die wir auch anders sprachlich fassen können.

Versuchen wir es so: Wir kommen unserem Leben nicht hinreichend auf die Spur, wir tappen mit ihm zu großen Teilen im Dunkel, solange wir unser Leben ausschließlich in unseren eigenen Sicherungs- und Vorsorgemaßnahmen verankern. Solange wir die letzte Aussage über uns Leben darin sehen, dass wir in allem autonom und autark sein und allein die Regie über unser Leben in Händen halten wollen. Nicht wenige mögen das als Ziel anstreben gerade angesichts der Tatsache, dass sie ihr Leben nicht sich selbst verdanken, dass sie es von ihren Eltern geschenkt bekommen haben, erst von ihnen geprägt und abhängig, dann vielen weiteren sozialen Einflüssen ausgesetzt waren. Um sich davon abzusetzen, hängen sie dem Traum eines so selbständig wie möglich geführten Lebens an. Ein solcher Lebensentwurf bliebe, bei allen sozialen Bezügen, auf sich fixiert, ein in sich gekrümmter Entwurf. Er droht sich zu überanstrengen und an dieser Überanstrengung zu kollabieren. Bei allem Lebensgelingen tappt so ein Mensch durch dunkle Lebenstäler. Ihm hat sich noch nicht die Tiefendimension des Lebens erschlossen, die andere Signale als die Signale der

Krümmung in sich selbst und der Abschottung sendet. Bei dieser Tiefendimension des Lebens haben wir nicht zuerst an eine psychoanalytische Aufarbeitung des Lebens zu denken - das mag es auch geben, unter der Anleitung von Therapeuten und Beratern -, sondern an „disclosure-Erfahrungen“, an Erfahrungen unverdienten und unerwarteten Glücks ebenso wie an bestürzende Erfahrungen, die einem den Boden unter den Füßen wegziehen. Die erkennen lassen, wie radikal das Leben von einem Moment auf den anderen in Frage gestellt sein kann. Solche Erfahrungen geben einen Spalt breit den Blick frei auf einen bis dahin vielleicht übersehenen oder ausgeblendeten Horizont des Lebens.

Woran stoßen wir da? Womit haben wir es da zu tun? Die christliche Tradition deutet diese Erfahrung als Raum, in dem wir die Wirklichkeit Gottes tangieren, berühren. Nicht wir phantasieren uns aufgrund unserer menschlichen Nöte einen „Lückenbüßer-Gott“, sondern unsere Erfahrung lässt uns in die Nähe dessen kommen, was Jesus uns in seiner Reich-Gottes-Botschaft nahegebracht hat. Nicht als richtete sich seine Botschaft nur an unser Wissen, so wie wir wissen, dass es im fernen Ozean die Fidschi-Inseln gibt, mit denen wir aber ein Leben lang nicht zu tun bekommen werden. Gott will kein gewusster, sondern ein bewusster Horizont unseres Lebens sein. Er will die existentielle Pointe unseres Lebens sein. Eben das bringt der Johannesbrief in dem Satz zum Ausdruck, dass Gott uns seine Liebe geschenkt hat. In ihr soll unser Leben sich verändern. Sie will in uns eine Dynamik auslösen, aus der heraus wir im Horizont seiner Liebe zu leben wagen.

Das aber ist leichter gesagt als getan. Darum weiß auch der Johannesbrief. Er spricht von der „Welt“, die von diesem Horizont nichts hält. Sie wird auch immer wieder uns in Beschlag nehmen, die Welt der Zweifel, ob Gottes Nähe wirklich ausschlaggebend für unser Leben sei; aber auch die Welt unserer Annäherung an ihn, dann wieder unserer Verweigerung. Im Kleingedruckten unseres Lebens also die Nähe Gottes als existentielle Pointe unseres Lebens zu entdecken, das ist unserer Mühe wert. So nähern wir uns der Fülle des Lebens (vgl. Joh 10,10).

Dämmerung

Mt 28,1-10

Nach dem Sabbat kamen in der Morgendämmerung des ersten Tages der Woche Maria aus Magdala und die andere Maria, um nach dem Grab zu sehen. Plötzlich entstand ein gewaltiges Erdbeben; denn ein Engel des Herrn kam vom Himmel herab, trat an das Grab, wälzte den Stein weg und setzte sich darauf. Seine Gestalt leuchtete wie der Blitz, und sein Gewand war weiß wie Schnee. Die Wächter begannen vor Angst zu zittern und fielen wie tot zu Boden. Der Engel aber sagte zu den Frauen: Fürchtet euch nicht! Ich weiß, ihr sucht Jesus, den Gekreuzigten. Er ist nicht hier; denn er ist auferstanden, wie er gesagt hat. Kommt und seht euch die Stelle an, wo er lag. Dann geht schnell zu seinen Jüngern und sagt ihnen: Er ist von den Toten auferstanden. Er geht euch voraus nach Galiläa, dort werdet ihr ihn sehen. Ich habe es euch gesagt. Sogleich verließen sie das Grab und eilten voll Furcht und großer Freude zu seinen Jüngern, um ihnen die Botschaft zu verkünden. Plötzlich kam ihnen Jesus entgegen und sagte: Seid gegrüßt! Sie gingen auf ihn zu, warfen sich vor ihm nieder und umfassten seine Füße. Da sagte Jesus zu ihnen: Fürchtet euch nicht. Geht und sagt meinen Brüdern, sie sollen nach Galiläa gehen, und dort werden sie mich sehen.

In der Morgendämmerung kamen Maria aus Magdala und eine andere Maria zum Grab. So beginnt das Matthäusevangelium seine Osterbotschaft. Darin liegt mehr als lediglich der Hinweis auf die Tageszeit, in der die Nacht, in der das Dunkel vor dem Licht des Tages zurückweicht. In der Dämmerung darf man eine Anspielung auf die Dämmerung sehen, die über der Osterbotschaft prinzipiell liegt. Die Dämmerung fungiert hier als Sinnbild des Halbdunkels und der Undurchdringlichkeit, die der Osterbotschaft wesentlich ist.

Maria aus Magdala und eine zweite Frau namens Maria sind an diesem Morgen eingesponnen in das für sie Unbegreifliche: in die schmachvolle Hinrichtung ihres geliebten Herrn. Sie wollen an sein

Grab, ans frische Grab, um zu trauern, um ihr ganzes Elend herauszuweinen. Ihre Gedanken, ihre Gefühle, ihre Trauer, ihre Tränen sind beim Toten. Sie kommen, um nach dem Toten zu sehen. Da wird plötzlich ihre Aufmerksamkeit umgelenkt, aus der Bahn geworfen. Sie werden Zeuginnen eines lokalen Bebens, einer kosmischen Erschütterung. Ein Engel nähert sich vom Himmel, befreit das Grab vom Stein und setzt sich auf den Stein - wie auf eine Kathedra. Von dieser Kathedra hat er etwas Unglaubliches, etwas alle Vorstellungen und Erwartungen der Frauen Sprengendes zu verkünden. Unterstrichen wird das noch durch seine Lichtgestalt. Im selben Augenblick werden die Grabwächter zu lächerlichen Figuren. Sie wirken wie Relikte von Vergangenem. Sie sind wie tot, zählen nicht mehr. Hier gibt es keinen Toten mehr zu bewachen. Sie sind out, sie spielen keine Rolle mehr.

Dafür umso mehr die Frauen. Fürchtet euch nicht. Ihr sucht den Gekreuzigten, den hingerichteten Toten. Ihr müsst euch umorientieren. Den Toten gibt es nicht mehr. Nicht bloß hier nicht, sondern ganz generell. Er ist nicht mehr tot. Er wurde auferweckt, er ist auferstanden, wie er gesagt hat. Über dieser grundstürzenden Botschaft des Engels liegt für die Frauen in diesem Augenblick der Schleier der Dämmerung. Über dieser Botschaft liegt ein Schleier, der der Auferstehung des Herrn bleibend eigen ist. Denn sie gehört, so knapp und unaufgeregt sie der Engel überbracht hat - er ist auferweckt worden, er ist auferstanden - einer Wirklichkeit an, die sich dem menschlichen Zugriff, der menschlichen Wirklichkeitserfassung als solche nicht gänzlich erschließen kann. Da hilft auch der erinnernde Hinweis darauf nicht, dass Jesus doch selbst von seiner Auferstehung gesprochen habe. Erinnert ihr euch nicht? Da hilft auch der topographische Hinweis auf den leeren Platz, wo er gelegen hat, nicht wirklich weiter.

Wenn man an der Stelle innehält, kann einem ahnend aufgehen, womit wir es mit dieser Ostererzählung zu tun haben, und womit nicht. Sie bildet nicht eins zu eins das Geschehen der Auferstehung des Gekreuzigten ab. Keine der Ostererzählungen tut das. Sie sind alle nur der Versuch, in menschliche Sprache umzusetzen, was sich ihr entzieht. Um diese menschlich nicht mehr adäquat greifbare und aussagbare Qualität kreisen alle Ostererzählungen. Auch die des Matthäus. Sie ist weniger eine Oster*erzählung* als vielmehr eine Oster*botschaft*, die den

Glauben an den Auferstandenen repräsentieren und bezeugen und in andere einpflanzen will.

Geht schnell, sagt der Engel, geht schnell zu den Jüngern und sagt ihnen, dass der Herr von den Toten auferstanden ist. Und es schließt sich ein Gedanke an, den wir, gemessen an der Wucht des Vorausgehenden, für nebensächlich, ja, für vernachlässigbar halten könnten, nämlich der Hinweis, dass der Auferstandene den Jüngern nach Galiläa vorausgehen werde. Dort würden sie ihn sehen. So, das war mein Auftrag. Ich habe ihn ausgeführt. Ich habe es euch gesagt.

Diese scheinbare Verquickung ungleicher Elemente stellt sich nur für uns als Ungleichheit dar. In Wirklichkeit geht es bei dem Hinweis auf Galiläa, dort würden die Jünger den Herrn sehen, um mehr als um einen launischen Ortswechsel. Um mehr auch als um ein angekündigtes Wiedersehen des Auferstandenen im allerwörtlichsten Sinn. Ein Wiedersehen im allerwörtlichsten Sinn hätte die Jünger zu dem fatalen Missverständnis verleiten können zu meinen: Ach, siehe da, da ist der Meister wieder. Er lebt wieder. Der Hinweis auf Galiläa verfolgt eine andere Spur. Nach dem Matthäusevangelium hatte Jesus in Galiläa, rund um das Gebiet des Sees von Galiläa, mit seinem öffentlichen Wirken begonnen. Dort hatte er seine Jünger gerufen, die ihm gefolgt waren. Dort war er mit ihnen öffentlich aufgetreten und hatte den Menschen das Reich Gottes verkündet. In unsere Sprache übersetzt, hatte er den Menschen dort die verlässliche Nähe und Liebe Gottes zu ihrem Leben nahe zu bringen versucht. Er hatte sie dafür gewinnen wollen, sich der Nähe und Liebe Gottes als dem tragenden Grund ihres Lebens anzuvertrauen. All das, was mit Jesus in Galiläa begonnen hatte, sollten die Jünger jetzt, nach dem Tod des Herrn, der zu Gott erhöht worden war – oder wie das auch immer die Glaubensbekenntnisse in Worte fassten -, all das sollten die Jünger jetzt als Boten Jesu weitertragen. Dabei aber sollte sich, ein wichtiger Inhalt der Osterbotschaft, der Adressatenkreis erweitern. Zu Lebzeiten Jesu hatte er den Jüngern geboten, sich in Galiläa nur an die, wie es in Mt 10,6 heißt, verlorenen Schafe des Hauses Israel zu wenden, ihre Aufmerksamkeit also nicht auf andere, etwa auf „Heiden“, zu verschwenden. Galiläa war aufgrund verschiedener Wanderungsbewegungen ein religiös und ethnisch bunt durchmischtes Gebiet aus Angehörigen des Hauses Israel und Heiden. Jesus hatte „im Galiläa der Heiden“ (Mt 4,15) sein Wirken systematisch auf das Haus Israel beschränkt. Jetzt aber, nach seiner Auferstehung, sollen die Jünger nicht nur wieder in Galiläa die Verkündigung des Reiches Gottes aufnehmen, sondern sich darüber hinaus auch an die Heiden gesandt wissen. Geht zu allen Völkern, heißt es am Ende des gesamten Matthäusevangeliums, und macht alle Menschen zu meinen Jüngern.

Das macht darauf aufmerksam, dass Jesu Auferstehung nicht bloß - wenn man das so sagen darf – ihn persönlich betraf. Sie löste unter dem Beistand des Heiligen Geistes eine größere Dynamik aus, die sich auf die ganze Welt bezog. Eine Dynamik, die in der Welt Platz greifen und sie in der Kraft des Heiligen Geistes verwandeln sollte.

Es könnte uns stören, dass die Osterbotschaft des Matthäus an einer inneren Inkonsequenz leidet. In Galiläa sei der Auferstandene zu sehen, und dann erscheint er den Frauen unmittelbar am Grab, noch bevor sie überhaupt eine Chance hatten, zu den Jüngern Kontakt aufzunehmen. Darin darf man wohl ein Moment der Verstärkung sehen. Denn so ganz geheuer war den Frauen die Botschaft des Engels nicht. Sie waren - eine bizarre Gefühlslage – voller Furcht und voller Freude. Da tritt ihnen der Auferstandene mit der Aufforderung entgegen: Seid fröhlich! Seid voller Freude! Lasst nicht den Kopf hängen, dazu besteht kein Anlass! Fürchtet euch nicht! Seid nicht in Sorge! Und er wiederholt, die Jünger sollten nach Galiläa gehen, dort würden sie ihn „sehen“. Über dem Sehen liegt weiter die Dämmerung der Osterbotschaft. Denn die Jünger werden den Auferstandenen „sehen“, werden ihn erkennen, indem ihnen aufgeht, dass sie in seine Botschaft eintreten und sie weitertragen sollen. Darin werden sie selbst seiner Auferstehung inne. Ich bin bei euch, bis ans Ende der Welt.

Was sagt uns dieses Osterevangelium? Es sagt uns, dass der Auferstandene, bei aller Glaubensgewissheit, nicht mit Händen zu greifen ist. Es sagt uns, dass uns der Zweifel, die Dämmerung immer wieder beschleichen können, ob die Osterbotschaft verlässlich ist. Es sagt uns - und das lügen wir uns nicht in die Tasche - dass der Auferstandene mit uns durch unsere Geschichte geht, durch unsere Zeit, durch die Ereignisse des Jahres 2011. Es sagt uns, dass wir immer wieder aufstehen sollen, aufstehen können, dort, wo Menschen uns brauchen, wo strukturelle Ungerechtigkeiten Menschen in ihren Lebensrechten und Lebensansprüchen beschneiden, wo die Umwelt unter der Gedankenlosigkeit der Menschen leidet. Vor allem aber sagt uns das Osterevangelium, dass wir uns freuen dürfen, dass unser Herz sich leicht fühlen darf. Denn: Der Herr ist auferstanden.

Am Fuß des Berges

Ex 19,1-6

Im dritten Monat nach dem Auszug der Israeliten aus Ägypten kamen sie in der Wüste Sinai an. Sie waren von Refidim aufgebrochen und kamen in die Wüste Sinai. Sie schlugen in der Wüste das Lager auf. Dort lagerte Israel gegenüber dem Berg. Mose stieg zu Gott hinauf. Da rief ihm der Herr vom Berg her zu: Das sollst du dem Haus Jakob sagen und den Israeliten verkünden: Ihr habt gesehen, was ich den Ägyptern angetan habe, wie ich euch auf Adlerflügeln getragen und hierher zu mir gebracht habe. Jetzt aber, wenn ihr auf meine Stimme hört und meinen Bund haltet, werdet ihr unter allen Völkern mein besonderes Eigentum sein. Mir gehört die ganze Erde, ihr aber sollt mir als ein Reich von Priestern und als ein heiliges Volk gehören. Das sind die Worte, die du den Israeliten mitteilen sollst.

„Im dritten Monat" nach der Rettung der Israeliten aus Ägypten, so beginnt die Erzählung in Exodus 19. Im dritten Monat: Wir könnten das im ersten Moment für eine beiläufige Zeitangabe halten, der wir keine Bedeutung beimessen und über die wir hinweglesen dürften, um zum Eigentlichen zu kommen, wovon Exodus 19 handelt. Doch der dritte Monat steht nun mal pointiert am Beginn der Erzählung, und das will ein Signal setzen. Wenn die Bibel die Zahl drei ins Spiel bringt, steht sie in der Regel für einen Zusammenhang, in dem Gott ins Spiel kommt. Am deutlichsten wird das an der Auferstehung des Herrn „am dritten Tag". In der Auferstehung Jesu erkannten die ersten christlichen Gemeinden und die Verfasser der Evangelien die Handschrift Gottes, eine Handschrift, die für sie schwer zu dechiffrieren war und gerade darin auf Gott als Handelnder verwies. „Drei Tage" suchten die Eltern den zwölfjährigen Jesus in Jerusalem, bis sie ihn im Tempel fanden. Und die Szene der Wiederbegegnung hat am dritten Tag ihren Höhepunkt in dem Satz Jesu, dass er in dem sein müsse, was seines Vaters ist. Eine pointierte Aussage, dass sein Leben von Anfang an unter dem Horizont des Handelns Gottes steht. „Im dritten Monat" nach der Rettung der Israeliten, das beschreibt also die Befindlichkeit der Geretteten. Sie wissen sich von Gott gerettet, sie wissen sich in seiner Obhut, das gibt ihnen das Gefühl der Sicherheit und der Zuversicht für die Zukunft. Sie haben Gott nicht nur in ihrem Rücken, weil er an ihnen rettend gehandelt *hat*, der dritte Monat verheißt darüber hinaus für die Zukunft Hoffnungsvolles, verheißt, dass Gott mit seinem Volk ist, dass auf ihn Verlass ist. Exodus 19 umschreibt das mit dem Begriff Bund. „Wenn ihr auf meine Stimme hört und meinen Bund haltet, werdet ihr unter allen Völkern mein besonderes Eigentum sein."

Für die Geretteten waren das keine leeren, schon gar keine belastenden Worte, sondern Halt gebende Worte. Sie hörten sie auf dem Hintergrund ihrer Rettung, über die sie gar nicht genug staunen konnten. So aussichtslos war ihnen ihre Lage erschienen. Hinter ihnen die Truppen des Pharao, und vor ihnen das unwegsame, ja tödliche Schilfmeer. Aber irgendwie waren sie mit dem Leben davongekommen, waren durchgekommen und befanden sich jetzt am Fuße des Berges Sinai, des Gottesberges. Sich um Jahwe, um ihren Gott zu scharen, ihn zu verehren, war das eigentliche Motiv ihres Auszugs. Mose war vor den Pharao getreten mit der Ansage Jahwes: „Lass meinen Sohn ziehen, lass mein Volk ziehen, damit es mich verehren kann" (Ex 4,23). Der Pharao gab widerstrebend seine Einwilligung: „Geht, verehrt Jahwe, euren Gott." Und Mose hatte geantwortet: „Ja, denn wir feiern ein Jahwefest" (Ex 10,8-9).

Was gewöhnlich als Durchzug durch das Meer bezeichnet wird, wird hier in das Bild der rettenden Adlerflügel gefasst. „Ich habe euch auf Adlerflügeln getragen." Ein starkes Bild, das auch im Buch Deuteronomium begegnet. Dort ist von Jahwe gesagt, dass er Israel bewacht und behütet „wie der Adler, der sein Nest beschützt und über seinen Jungen schwebt, der seine Schwingen ausbreitet, ein Junges ergreift und es flügelschlagend davonträgt" (Dtn 32,11). Mal schwebt der Adler beobachtend über seinen Jungen, mal trägt er sie flügelschlagend durch die Lüfte. Das Adlermotiv ist auch in das kirchliche Liedgut eingegangen, so im Lied „Lobe den Herren", in dessen zweiter Strophe es heißt: „Lobe den Herren, der alles so herrlich regieret, der dich auf Adelers Fittichen sicher geführet." Die Geretteten hatten am Fuß des Gottesberges ein wichtiges Etappenziel erreicht und waren dankbar, dass Jahwe mit ihnen zog und sie nicht ihrem Schicksal überließ.

Soweit die biblische Deutung in Exodus 19 eines geschichtlich weit zurückliegenden Ereignisses, das für Israel in gewisser Weise existenzbegründend war. Wie aber geht es uns, ganz abgesehen von der Deutung der Rettung durch Jahwe, mit den weiteren Fäden dieser Erzählung? Vor allem mit der pointierten Hervorhebung des Volkes Israel als besonderes Eigentumsvolk Jahwes? „Ihr werdet mein besonderes Eigentum sein, ihr sollt mir als ein Reich von Priestern und als ein heiliges Volk angehören." Mag man da nicht eine Bevorzugung eines Volkes durch Gott heraushören, eine Bevorzugung, die den Keim von Unfrieden, Streit und Zwistigkeiten enthält? Den Keim religiösen Unfriedens, der tatsächlich weithin das Geschichtsbild prägte und heute, nach dem Ende der Ost-Westauseinandersetzung, in der aktuellen Spannung zwischen westlich-abendländischer und arabisch-muslimischer Welt neu aufzuleben scheint? Ein hochkomplexes Thema, das man nicht in wenigen Sätzen in seiner Komplexität aufdröseln kann. Zunächst muss man, biblisch argumentierend, sagen, dass es sich bei der Selbstwahrnehmung der damals Geretteten als besonderes Eigentumsvolk Gottes um eine *Selbstdeutung* der Geretteten handelte, die keine andere Qualität hat als die Deutung der wunderbaren Rettung durch Jahwe. Was andererseits nicht heißt, dass beide Deutungen nur durch die Finger geblasene Phantasien der Geretteten gewesen seien. In ihrer Selbstdeutung lagen sie sicher nicht daneben. Ihre Deutung als Eigentumsvolk Jahwes aber hatte ihren Fokus in den Geretteten selbst, sie zielte auf sie selbst und auf ihre Treue zu Jahwe, nicht aber auf die Abgrenzung oder gar Abwertung anderer Völker und deren religiöser Orientierungen. Das bestätigt die Perspektive des Satzes: *Ihr* sollt mir als ein Reich von Priestern und als ein heiliges Volk gehören. Die Geretteten hatten damit sicher die Intention Jahwes mit ihnen zutreffend erkannt und benannt.

Etwas anderes ist freilich, welche Verformungen das in der Geschichte der Religionen annahm. Die Belastung der Geschichte durch die Religion, bzw., besser im Plural, durch die Religionen, ist alles andere als ein Ruhmesblatt. Der Gedanke an diese belastete Geschichte drängt sich uns dabei allerdings so auf, dass wir geradezu blind werden für die Wahrnehmung der eigentlichen Dimension, die schon dem Satz in Exodus 19 zugrunde liegt: Ihr sollt mir als ein Reich von Priestern und als ein heiliges Volk gehören. In seiner Tendenz ist das kein andere ausschließender, exkludierender Satz. Sosehr er im allerwörtlichsten Sinn sich auf die Geretteten bezieht, greift er über sie hinaus, und wir dürfen aus ihm das Signal vernehmen, dass Gott *in* ihnen zu *allen* Menschen und Völkern Stellung bezieht. Diese Horizonterweiterung bestätigt sich im Neuen Testament, wenn der erste Petrusbrief von den ersten Christinnen und Christen sagt, das Wort aus Exodus 19 über das Volk Israel aufgreifend und diesem dabei nicht enteignen wollend: „Ihr seid ein auserwähltes Geschlecht, eine königliche Priesterschaft, ein heiliger Stamm, ein Volk, das sein besonderes Eigentum wurde“ (1 Petr 2,9).

Wir gehen nicht zu weit, wenn wir dieses Erwählungswort - sowohl in der Fassung nach Exodus 19 wie nach dem ersten Petrusbrief - von den Absichten her, die Gott mit den Menschen hat und die in Jesus persönliche Gestalt annahmen, als ein an die Menschen aller Kulturen, aller Regionen und aller Religionen gerichtetes Erwählungswort deuten. Es ist demnach nur konsequent, wenn die Pastoralkonstitution Gaudium et spes des Zweiten Vatikanischen Konzils mit dem programmatischen Satz begann: „Freude und Hoffnung, Trauer und Angst der Menschen von heute, besonders der Armen und Bedrängten aller Art, sind auch Freude und Hoffnung, Trauer und Angst der Jünger Christi. Und es gibt nichts wahrhaft Menschliches, das nicht in ihren Herzen seinen Widerhall fände“ (GS 1).

Man kann gewiss über die Erwählung des Menschen durch Gott große Worte verlieren. Was aber ist, wenn sie in zu großer Münze einher kommen und bei den Menschen nicht auf fruchtbaren Boden fallen? Nicht gehört werden? Nicht plausibel erscheinen? Mit dieser Möglichkeit müssen wir nicht erst heute rechnen, sie deutet sich schon in Exodus 19 an. Das Volk Israel verbrachte seine Tage im Lager *am Fuße* des Gottesberges. Nur Mose war es, der zu Gott hinaufstieg. Ihm übergab Jahwe die Sätze, die er an das Volk ausrichten sollte: Ihm, Jahwe, sollten sie als ein Reich von Priestern und als ein heiliges Volk gehören. „Das sind die Worte, die du den Israeliten mitteilen sollst.“ Die Israeliten übernahmen sie zwar, „am dritten Tag“ (Ex 19,16), aber lange hielt ihre Orientierung daran nicht an. Alsbald tanzten sie um das goldene Kalb (Ex 32). Wir müssen das so deuten, dass ihre Begegnung mit Jahwe, auch ihre Faszination über die Rettung im Schilfmeer nicht nachhaltig waren. Sie verharrten in der Tat *am Fuße* des Gottesberges, das heißt, sozusagen in einer ambivalenten Haltung gegenüber Jahwe. *Der Fuß* des Gottesberges konnte die Schwelle zur Begegnung mit Jahwe sein, er konnte aber auch die Schwelle zur Abkehr, zur Wende hin zum goldenen Kalb werden.

Und da sind wir wohl exakt bei uns. Das Bild *des Fußes* des Gottesberges lässt sich auf unser Leben übertragen. Wenn wir in unserem Lebenstext blättern wie in einem alten Album, vielleicht sogar kramen wie in einer lange nicht geöffneten Schublade, wenn uns da Erinnerungen, Liegengebliebens, schuldig Gebliebenes, „Leichen im Keller", Unerledigtes, Unabgeschlossenes, das Torso unseres Lebens also, aber auch Dank für Gelungenes, für das Glück des Lebens überkommen, dann mag uns die „Interpunktion" fehlen, um Ordnung in das Ganze zu bekommen. Aber dann befinden wir uns damit gewissermaßen *am Fuße* des Berges Sinai, wo wir spüren, dass Gott mit unserem Leben zu tun haben will, ja, längst zu tun hat. Es kommt nur darauf an, über die Schwelle die richtige Richtung einzuschlagen.

Todeszonen

Lk 16,19-31

Es war einmal ein reicher Mann, der sich in Purpur und feines Leinen kleidete und Tag für Tag herrlich und in Freuden lebte. Vor der Tür des Reichen aber lag ein armer Mann namens Lazarus, dessen Leib voller Geschwüre war. Er hätte gern seinen Hunger mit dem gestillt, was vom Tisch des Reichen herunterfiel. Stattdessen kamen die Hunde und leckten an seinen Geschwüren. Als nun der Arme starb, wurde er von den Engeln in Abrahams Schoß getragen. Auch der Reiche starb und wurde begraben. In der Unterwelt, wo er qualvolle Schmerzen litt, blickte er auf und sah von weitem Abraham, und Lazarus in seinem Schoß. Da rief er: Vater Abraham, hab Erbarmen mit mir, und schick Lazarus zu mir; er soll wenigstens die Spitze seines Fingers ins Wasser tauchen und mir die Zunge kühlen, denn ich leide große Qual in diesem Feuer. Abraham erwiderte: Mein Kind, denk daran, dass du schon zu Lebzeiten deinen Anteil am Guten erhalten hast, Lazarus aber nur Schlechtes. Jetzt wird er dafür getröstet, du aber musst leiden. Außerdem ist zwischen uns und euch ein tiefer, unüberwindlicher Abgrund, so dass niemand von hier zu euch oder von dort zu uns kommen kann, selbst wenn er wollte. Da sagte der Reiche: Dann bitte ich dich, Vater, schick ihn in das Haus meines Vaters! Denn ich habe noch fünf Brüder. Er soll sie warnen, damit nicht auch sie an diesen Ort der Qual kommen. Abraham aber sagte: Sie haben Mose und die Propheten, auf die sollen sie hören. Er erwiderte: Nein, Vater Abraham, nur wenn einer von den Toten zu ihnen kommt, werden sie umkehren. Darauf sagte Abraham: Wenn sie auf Mose und die Propheten nicht hören, werden sie sich auch nicht überzeugen lassen, wenn einer von den Toten aufersteht.

Was für eine Erzählung! Sie hat die Menschen wohl schon immer auf eigenartige Weise berührt, obwohl sie sich, wie manche andere Textpassagen, nur im Lukasevangelium, aber nicht bei Matthäus, Markus oder Johannes findet. Was ist Jesus mit dieser Erzählung eingefallen? Worauf zielt sie ab? Um darauf eine Antwort zu finden, muss man den größeren Zusammenhang beachten, in den sie hineingestellt ist. Vorausgeht, dass sich die Pharisäer über die Warnung Jesu vor dem Mammon lustig machen. Sie finden seine Warnung vor dem Geld erheiternd und lachen Jesus wegen seiner Naivität, was die Bedeutung des Geldes angeht, aus. „Sie hingen," sagt das Evangelium, „sehr am Geld." Wenn man den Pharisäern freilich gerecht werden will, muss man sagen, dass sie nicht nur dadurch auffielen.

Sie fielen unbestritten weit mehr auf durch ihre konsequente Gesetzestreue. Darauf nimmt ein Satz, der der Lazaruserzählung unmittelbar vorausgeht, Bezug. „Bis Johannes - gemeint ist Johannes der Täufer – hatte man nur das Gesetz und die Propheten." Das soll heißen, bis zum Auftreten des Johannes folgten die Pharisäer dem Kielwasser des Gesetzes und der Propheten. Doch dann, ab Johannes dem Täufer, verpassten sie den Kurswechsel. Sie blieben ihrer Linie treu, obwohl jetzt etwas anderes galt: „Seitdem wird das Evangelium vom Reich Gottes verkündet und alle drängen sich danach, hineinzukommen." Dabei geht es - so immer noch im unmittelbaren Vorfeld der Lazaruserzählung - im Evangelium vom Reich Gottes nicht um das Ende der Gesetze und ihrer Befolgung, sondern um ihre eigentliche und wahre Erfüllung. Die Pharisäer aber blieben bei einem Umgang mit dem Gesetz, der der Anleitung gleichkam, falsche und verfehlte Wege einzuschlagen (vgl. Lk 17,1).

In diesen Zusammenhang ist die Erzählung von einem reichen Mann und vom armen Lazarus hineingestellt. Man nimmt an, dass es sich um eine Erzählung handelt, deren Grundstruktur Jesus bereits vorfand. Eine Erzählung, ein Gleichnis, das im Volk längst tradiert und erzählt wurde. Warum griff Jesus sie auf? Welche Aussage wollte er mit ihr verbinden? Die Erzählung selbst kann darauf die Antwort geben. Dabei wird man auf gelegentlich übersehene Aspekte aufmerksam. Als Erstes fällt auf, dass in ihr eine fiktive Person, ein Armer, einen Namen erhält: Lazarus. Ein einmaliger Fall. Manche erkennen im Namen Lazarus den griechischen Wortstamm für „Leben". Lazarus wäre dann die Bezeichnung für einen, der lebt, der am Leben Anteil hat. Das scheint nun ganz und gar nicht auf ihn zu passen. Denn er vegetiert hungernd und mit Geschwüren übersät vor sich hin. Streunende Hunde lecken seine Wunden - ekelerregend. Das ist kein Leben! Er stirbt und wird von Engeln in Abrahams Schoß getragen. Ein archaisches Bild, eine archaische Sprache, die erkennen lässt, dass es sich bei der Erzählung um altes Erzählgut handelte. Auch der Reiche stirbt. Er endet ebenso wie Lazarus in der „Unterwelt". Wir begegnen hier der Vorstellung, nach der die Unterwelt sowohl der Aufenthaltsort der Gerechten wie der Ungerechten war, allerdings in zwei Zonen geteilt, die nicht überbrückbar waren. Lazarus ruht im Schoße Abrahams. Das konnte sowohl heißen, dass er mit ihm beim Mahl der Seligen weilte als auch, dass er mit ihm selige Gemeinschaft pflegte. Der Schoß Abrahams galt als Ort angenehmer Kühle.

Der Reiche entdeckt aus seiner Zone der Unterwelt Lazarus in der anderen Zone und richtet an Abraham die Bitte, Lazarus möge ihm Wasser, etwas Erfrischung zukommen lassen. Das aber geht nicht. Da nimmt die Erzählung eine überraschende Wende. Der Reiche denkt nun mit einem Mal nicht mehr nur an sich, sondern an seine noch lebenden Brüder. Man möge sie warnen. Abrahams Antwort ist klar: „Sie haben Mose und die Propheten, auf sie sollen sie hören." Mit dem Hinweis auf Mose und die Propheten setzt wohl Jesu eigene Ausformung der Lazaruserzählung ein, und zwar in einem gegen die Pharisäer gerichteten kritischen Unterton. Deren „Philosophie" bestand darin, in Mose und den Propheten die tragende Säule ihrer Lehre zu sehen. Aber eben eher nur ihrer Lehre, weniger ihres Lebens. Sie orientierten sich - sehr pointiert gesagt – lieber am Geld. Mit dieser Kritik könnte Jesu Erzählung geendet haben, wenn es nicht anders so war, dass diese Pharisäerkritik auf die Urgemeinde zurückging.

Das weitere Versatzstück der Erzählung setzt nach aller inneren Logik die Erfahrung des Todes und der Auferstehung Jesu durch die Urgemeinde voraus. Sonst wäre die Antwort Abrahams auf die Bitte des Reichen, seine Brüder zu warnen, nur schwer zu verstehen: Auch wenn einer von den Toten aufersteht, werden sie sich nicht überzeugen lassen! Sie werden nicht umkehren. Hier nimmt die Erzählung jenen Begriff auf, in welchem sich die Antwort der Menschen auf die Botschaft Jesu vom Reich Gottes verdichtet, nämlich umzukehren, sich von der ängstlich-strengen Gesetzesbefolgung abzukehren und sich zum befreienden Ruf des Reiches Gottes hinzuwenden. Abrahams Antwort liest sich, respektlos gesagt, wie eine schallende Ohrfeige. Die Pharisäer würden deshalb nicht an die Auferstehung des Herrn glauben, weil sie nicht auf Mose und die Propheten hörten.

Worum geht es in dieser urtümlichen, christologisch überformten Lazaruserzählung? Warum ist sie in das Lukasevangelium eingegangen? Offensichtlich in erster Linie deshalb, weil sie in der Auferstehung Jesu ihren Fokus hat. Darauf konzentriert sie sich, nicht auf den Unglauben der Pharisäer. Damit aber verbindet sich etwas Zweites, was, wie das Lukasevangelium richtig erkennt, zu Innerst mit der Auferstehung Jesu selbst zusammenhängt und gewissermaßen ihre innere Folge ist: der wache Blick auf im Leben sozial Benachteiligte, auf, modern gesagt, Wohlstandsverlierer, zu kurz Gekommene, um ihre Lebensmöglichkeiten Betrogene, auf gewissermaßen dem sozialen Tod Übereignete.

Beide Topoi der Erzählung richten sich an uns. Sie verschmelzen zu der Aufforderung, im sozialen Einsatz in den Todeszonen des Lebens dem Glauben an die Auferstehung Jesu Praxisrelevanz zu verleihen. Hier sind die Anforderungen so vielfältig, dass es schwer fällt, sich zu orientieren. Wem der eigene geschärfte Blick für soziale Probleme fehlt, der vertraue den Aufrufen und Aktionen der kirchlichen Initiativen wie Misereor, Adveniat, Missio, Brot für die Welt. Daneben erreichen uns aus allen Gegenden der Welt immer wieder Hilferufe, Spendenaufrufe, um die größten Heimsuchungen solidarisch zu bestehen. Denken wir nur an das katastrophische Szenario, das am 11./12. März dieses Jahres über Japan kam. Mitunter freilich mangelt es an verlässlichen Informationen. So war es der Fall bei dem heute schon vergessenen Genozid zwischen Hutus und Tutsis in Uganda/Ruanda 1997 oder bei der Eskalation der Gewalt und des Mordens im nordöstlichen Kongo zwischen den Stämmen der Bahemas und der Walendus im Frühsommer 2002.

Wir sollten „auf Mose und die Propheten hören“ und, die Auferstehung des Herrn im Rücken und zugleich eschatologisch vor uns, uns den Todeszonen des Lebens stellen.

Impuls

Mt 9, 9-13

Als Jesus weiterging, sah er einen Mann namens Matthäus am Zoll sitzen und sagte zu ihm: Folge mir nach! Da stand Matthäus auf und folgte ihm. Und als Jesus in seinem Haus beim Essen war, kamen viele Zöllner und Sünder und aßen zusammen mit ihm und seinen Jüngern. Als die Pharisäer das sahen, sagten sie zu seinen Jüngern: Wie kann euer Meister zusammen mit Zöllnern und Sündern essen? Er hörte es und sagte: Nicht die Gesunden brauchen den Arzt, sondern die Kranken. Darum lernt, was es heißt: Barmherzigkeit will ich, nicht Opfer. Denn ich bin gekommen, um die Sünder zu rufen, nicht die Gerechten.

Eine der bekannten Szenen. Da beruft Jesus den Chef des Zollamtes von Kafarnaum in seine Nachfolge. Er setzte sich über geltende Verhaltenscodices hinweg. Er, der - das spürten die Menschen - mit dem Anspruch auftrat, ihrem Leben einen neuen Weg zu Gott aufzuzeigen, ein ernstzunehmender Mensch also, setzt sich über den Sozialcodex hinweg. Zöllner hatten den schlechtesten Leumund. Selbst das neue Testament nennt sie immer wieder in einem Atemzug mit den Sündern, als bestätige es die abfällige Einschätzung dieser Personengruppe, obwohl Jesus doch alles dafür tat, dieses Denkmuster zu durchbrechen. Zöllner galten aufgrund ihres Berufes als notorische Sünder, als, in einem uns schwer zugänglichen Begriff, „kultisch unrein". Ein Begriff von damals großer sozialer Tragweite. Er schloss Menschen von ganz normalen Kontakten aus. Vor allem schloss kultische Unreinheit von gemeinsamen religiösen Akten aus. Im Fall der Zöllner ging das soweit, dass nicht nur der Zöllner selbst, sondern auch seine Angehörigen, Haus, Frau und Kinder als unrein galten. Damit hatten sie vor Gott schlechte Karten. Sie galten als „Heiden", was damals ein vernichtendes Urteil über einen Menschen war. Zu dieser Sorte Mensch zählte Matthäus. Das war nicht nur ein von außen sozial angeheftetes Label, solche Menschen fühlten sich auch innen schlecht. Ein krankhafter Zustand.

Und einen solchen Menschen ruft Jesus. Das war nicht seinem spontanen Einfall zu verdanken. Jesus kannte die Gesellschafts- und Lebensverhältnisse in Kafarnaum genau, seiner Heimatstadt (vgl. Mt 9,1). Umgekehrt waren wohl auch sein Name, sein Auftreten, seine befreiende Art von Gott zu reden bei den Menschen längst angekommen. Sie müssen von ihm wie elektrisiert gewesen sein. Was besonders auf jene zutraf, die - wie Matthäus – gesellschaftlich im Namen Gottes als vor Gott abgeschrieben galten. In dieser Situation richtet Jesus auf Matthäus seinen Blick, er fasst ihn ins Auge als Person, nicht in seiner gesellschaftlichen Rolle. Jesus mutet ihm eine Aufforderung zu, die ihm wie eine Befreiung, wie ein Durchbruch zu einem neuen Leben vorgekommen sein muss. Folge mir nach! Matthäus tut das, was er tun kann. Er lädt Jesus zu sich in sein Haus. Vermögend und wohlsituiert wie er war, war er unter seinesgleichen, das heißt unter Zöllnern und Sündern, anerkannt und geschätzt. So muss sich wie ein Lauffeuer verbreitet haben, was ihm widerfahren war. Sie wollten an seinem Glück teilhaben. Sie erblickten in dem, was ihm widerfahren war, eine Anerkennung ihres eigenen sozial geächteten Lebens. Jesus ist bald von einer Schar von Zöllnern und Sündern, von gesellschaftlichen Outcasts umgeben. Als hätte er es darauf angelegt, den Leuten zu zeigen, dass es vor Gott keine abgeschriebenen Lebensläufe und verlorenen Biographien gab. Und mochten sie noch so verquert und auch schuldhaft belastet sein. Keiner ist chancenlos, keiner abgeschrieben, keiner ungeliebt.

Die Pharisäer, die Jesus interessant fanden als jemanden, den man im Auge behalten müsse und über den sie noch kein abschließendes, vor allem noch kein abschließend negatives Urteil gefällt hatten, kamen heftig ins Stolpern. Das mit Matthäus ging zu weit. Sie stellten ihn über seine Jünger zur Rede. Und Jesu Antwort ging in unseren Sprachschatz ein: Nicht die Gesunden bedürfen des Arztes, sondern die Kranken. Ein Satz, der einen Akzent setzt, dabei aber keineswegs sagen will, es gäbe auf der einen Seite nur Gesunde und auf der anderen nur Kranke. Die Grenzen sind fließend, und vor Gott verfließen unsere Lebenskonturen und unsere Lebenskonten eher so, dass wir uns zu den Kranken zählen müssen. Keinesfalls wollte Jesus die Pharisäer in ihrer Meinung bestärken, sie seien auf der sicheren Seite, sie hätten keinen Grund, sich für krank zu halten. Eher umgekehrt: Es sollte ihnen zu denken geben, wenn einer, wie Matthäus, durch den Anruf Jesu einen plötzlichen Ortswechsel zu machen imstande war und deutlich wurde, dass ihre, der Pharisäer, Beurteilung der Menschen aufgrund der gängigen Gesellschaftsschablonen diesen in keiner Weise gerecht wurde. Und noch um eine Ecke weitergedacht, konnte der Satz von den Gesunden und den Kranken in den Pharisäern den Gedanken reifen lassen, dass sie, wenn schon nicht *die* Kranken, so doch die ebenso wie alle anderen von Krankheit Befallenen seien, die der Zuwendung und des heilenden Zuspruchs Jesu bedurften.

Lösen wir uns von der Szene in Kafarnaum und fragen wir nach ihrer Bedeutung für unsere Tage, für unsere Verhältnisse. Vielleicht wird uns dann bewusst, dass etwas Pharisäerhaftes auch unser Leben durchzieht. Wobei mit pharisäerhaft hier nur der Aspekt und die Neigung gemeint sind, Lebensdefizite und zumal Glaubensdefizite eher an anderen als an uns selbst zu erkennen. Wir sollten uns des klassischen Wortes Martin Luthers erinnern, der vom Menschen als „simul justus et peccator“ sprach, der zugleich gerecht und Sünder sei. Wir leben unter der Zusage Gottes, der unser Leben bedingungslos annimmt, ohne jede Vorleistung durch uns. Im Horizont dieser Zusage dürfen wir unser fragmentarisches Leben mit seinen Bruchstellen, Abstürzen und Untiefen auf uns nehmen. Dürfen uns mit unserem Leben und dem im Leben Liegengebliebenen versöhnen und ermutigt aufstehen, neu durchatmen, ähnlich wie der Zöllner Matthäus. So um die Versöhnung mit dem eigenen Leben bemüht, können wir Achtung und Wertschätzung anderen entgegenbringen, nicht zuerst aus ethisch-humanen Gründen, sondern aufgrund der Einsicht, dass wir darin die Art nachahmen, wie Gott mit uns umgeht, und wie Jesus in Kafarnaum mit Matthäus umging. Das fordert uns heraus besonders gegenüber Menschen, denen gegenüber sogleich unsere Vorurteile und Vorverurteilungen anspringen. Etwa gegenüber Menschen, deren Verhaltensweisen uns fremd sind, über die wir uns regelrecht ereifern können. Die Freudsche Psychoanalyse würde dazu freilich sagen, dass uns an anderen am meisten das stört, was wir an uns nicht wahrhaben, nicht annehmen wollen und deshalb verdrängen. Wenn wir uns für religiös und christlich orientiert halten, kann es sein, dass uns andere stören, die gewissermaßen mit Religion und mit Gott „nichts am Hut haben“. Wer von uns aber kann schon in ihr Inneres blicken? In ihr Leben, das „in Schatten und Bildern“, wie die Kirchenkonstitution

Lumen gentium 16 sagt, schon längst mit Gott zu tun haben kann? Von anderen Fragestellungen erst gar nicht zu reden, die uns veranlassen können, über andere den Stab zu brechen: über vermeintlich soziales Schmarotzertum, über ein schlaues Leben aus den Sozialleistungen des Staates, über aus anderen Kulturkreisen zu uns Zugewanderten usw. usf.

Brechen wir hier ab. „Barmherzigkeit will ich, nicht Opfer", nimmt Jesus ein Wort aus dem Propheten Hosea auf. Barmherzigkeit hat heutzutage keinen guten Klang, es klingt antiquiert. In der Tat, ein frommer Augenaufschlag und ein etwas bedauernder Schmelz in der Stimme sind damit nicht gemeint. Sondern zupackende ermutigende Solidarität, die die sozialen Beziehungen entkrampft und das Leben verändert. Und das nicht, weil wir das einfach könnten, sondern weil wir im Horizont der bedingungslosen Annahme unseres Lebens durch Gott leben sollen, leben dürfen. Matthäus, der vom Zoll Weggerufene, hat uns viel zu sagen.

Auswege

2 Kor 7,8-10

Dass ich euch mit meinem Brief traurig gemacht habe, tut mir nicht leid. Wenn es mir auch eine Weile leid tat - ich sehe ja, dass dieser Brief euch, wenn auch nur für kurze Zeit, traurig gemacht hat -: jetzt freue ich mich, nicht weil ihr traurig geworden seid, sondern weil die Traurigkeit euch zur Sinnesänderung geführt hat. Denn es war eine gottgewollte Traurigkeit; so ist euch durch uns kein Nachteil erwachsen. Die gottgewollte Traurigkeit verursacht nämlich Sinnesänderung zum Heil, die nicht bereut zu werden braucht; die weltliche Traurigkeit aber führt zum Tod.

Im ersten Moment könnten wir den Kopf schütteln. Was sollen wir einem Problem nähertreten, das Paulus mit seiner Lieblingsgemeinde Korinth gehabt zu haben scheint. Er hatte ihr - die genaueren Hintergründe müssen hier nicht interessieren - einen geharnischten Brief geschrieben, der den Korinthern Kummer bereitet hatte. Es überkam sie kollektive Trauer und kollektives Leid. Auf ihren Gesichtern war die Freude über ihre christliche Berufung wie gefroren. Über die Wirkung seines Briefes machte sich Paulus Gedanken. Auch er empfand Traurigkeit, die sich aber alsbald in Freude verwandelte, als er sah, welch positiven Gesinnungswandel sein Brief bei den Korinthern ausgelöst hatte. Erst Betrübnis, dann Gesinnungswandel. Um welchen es sich handelte, bleibt zunächst unklar. Der an der Stelle verwendete griechische Begriff „Metanoia“ hat keine andere Bedeutung als menschlicher Gesinnungswandel. Er ist hier nicht gefüllt mit der tieferen und sonst bei Paulus und im Neuen Testament geläufigen Bedeutung der Umkehr zu Gott. Erst im nächsten Gedankenschritt schält sich heraus, dass der Gesinnungswandel der Korinther sie zu einer neuen Ausrichtung auf Gott führte, indem sie sich in ihrer traurigen Betroffenheit auf Gott besannen, woraus Paulus für sich ableitete, sich wegen seines Briefes keine Vorhaltungen machen zu müssen.

In einer in der deutschen Übersetzung nicht nachahmbaren sprachlichen Dichte macht Paulus den Korinthern klar, dass ihr Gesinnungswandel gewissermaßen die Operationsfläche bot, auf der es zu ihrer „Metanoia“ im klassischen Sinn der Hinkehr ihres Lebens zu Gott kam. Zu einer Metanoia, in der sie sich wieder ihrer christlichen Berufung versicherten, ohne einen Anflug weiterer Traurigkeit. Der Trauer, die zu Gott führt, setzt Paulus eine Trauer entgegen, die er die „Traurigkeit der Welt“ nennt, gewissermaßen einen Weltschmerz, der den Todeskeim in sich hat. Damit hat Paulus von einer konkreten Problemlage her zu einer Aussage gefunden, die für die christliche Orientierung von überzeitlicher Bedeutung ist. Es gehe um die Wahl zwischen der Traurigkeit der Welt und der Traurigkeit, die in den Heilsraum Gottes führt. Paulus stellt diese Alternative nicht zur Wahl, sondern ist daran interessiert, dass wir, seine heutigen Leser des zweiten Korintherbriefes, die richtige Wahl treffen, die Wahl des Glaubens an Gott in Jesus Christus.

Bleiben wir fürs Erste bei der Wahl des Glaubens. Inwiefern soll sie aus der Traurigkeit herrühren und diese dabei, realistisch gesehen, trotz aller Glaubensentschiedenheit, nie ganz loswerden? Es mag für uns nicht ganz leicht nachzuvollziehen sein, aber für die Christen der Gemeinde in Korinth, einer von Paulus gegründeten Gemeinde, war in der Übernahme der Botschaft Jesu ihr Leben wie eine Knospe aufgegangen. Sie fühlten sich, meist aus kleinen, ja ganz kleinen ärmlichen Verhältnissen kommend, in der vitalen Hafenstadt, einem Umschlagplatz des Welthandels, in einem perspektivlosen Elend, von niemandem geachtet, von niemandem wirklich ernstgenommen. Da überkommt sie, wie eine pfingstliche Flamme des Heiligen Geistes, die Botschaft, dass ihr Leben von Gott angenommen, wertgeschätzt und geliebt sei. Eine Botschaft, die Begeisterung, ja Schwung in ihr Leben brachte. Vielleicht überzogen sie darin sogar, verloren den Bezug zur Realität, weshalb ihnen Paulus ernste Vorhaltungen machte. Und so griff erneut die Traurigkeit des Lebens nach ihnen. Paulus muss an sie appelliert haben, sich nicht hängen zu lassen und einen neuen Schritt auf die Botschaft des Evangeliums hin zu tun. Einen Gesinnungswandel zu vollziehen, nennt er das. Sie sollten ihr Leben festmachen an der Botschaft, dass sie als Christinnen und Christen vom Tod zum Leben übergegangen seien (vg. 1 Joh 3,14). Sie sollten in dieser Gewissheit ihr Leben in einem neuen Licht sehen und ihr Leben in dieser Richtung verändern. Es gelang ihnen offenbar, die Fesseln der Traurigkeit abzulegen und neuen Glaubensmut zu fassen.

Bei uns mag sich der Zusammenhang von Glaube und Lebenstraurigkeit vielleicht anders darstellen. Es mag sein, dass uns immer wieder der traurige Zweifel überfällt, ob uns nicht gerade der Glaube mit seinen Vorschriften und Geboten die Möglichkeiten eines freieren, freizügigeren und weniger belasteten Lebens vorenthält. Ginge es nicht auch ganz anders? Es kann umgekehrt auch sein, das wäre dann lediglich die Kehrseite der Medaille, dass wir gelegentlich auch Enttäuschung und Trauer über die Halbherzigkeit empfinden, in der wir unser Leben als Christen gestalten. Wie auch immer. Diese ambivalenten Erfahrungen können ein Signal sein, das Leben ernsthafter auf den Glauben einzujustieren.

Vielleicht müssen wir konkreter werden. Heute greift die „Traurigkeit der Welt" in mancher Weise nach unserem Leben. Beschränken wir uns lediglich auf einen Aspekt: Nicht wenige haben heute Schwierigkeiten mit dem Älterwerden. Alle wollen zwar alt, aber keiner will älter werden. Sie leiden an der „Traurigkeit", dass ihr Leben begrenzt ist. Ja, sie sind sich in dieser Traurigkeit nicht mehr sicher, was es mit ihrem Leben auf sich hat. Es fällt auf, dass viele in dieser Unsicherheit ihren Körper, ihre Leiblichkeit als Zone entdecken, in der sie nach einer haltgebenden Sinnkonstante ihres Lebens suchen. Es fällt auf, Bewegungsmangel hin oder her, dass der Run auf Fitnesscenter ungebrochen anhält, dass Wellnesshotels aus dem Boden sprießen, die in abenteuerlicher Buntheit Wellness- und Anti-Agingprogramme anbieten. Alles findet sich da: Kräuter- und Farblichtsaunen, osmanische Bäder und Massagen, Solarien, Räucherstäbchen, Räucherkohle, chinesische Kugeln, tibetanische Gebetsglocken, Chakra-Kissen und glücksbringende Buddhaminiaturen. In all dem kann sich, muss sich freilich nicht, die „Traurigkeit der Welt" darüber ausdrücken, dass das Leben endlich ist und man an dieser Endlichkeit leidet. „Das (leibliche) Leben als letzte Gelegenheit" anzusehen, so ein Buchtitel von M. Gronemeyer vor einer Reihe von Jahren, kann heutzutage als ein Indiz der „Traurigkeit der Welt" angesehen werden. Dabei sei freilich nicht verschwiegen, dass es auch gegenläufige Beobachtungen gibt, die am modernen Wellnesstrend spirituelle Elemente und die Suche nach „Mehr“ wahrnehmen, so dass man hier nicht alles über einen Kamm scheren darf.

Das Stichwort der „Traurigkeit der Welt“ möchte man auch auf einem anderen Feld, auf dem Feld der Politik vermuten. Man erinnere sich an den traumatischen Anschlag auf die Twin Towers des World Trade Centers in New York „nine eleven“. Der Anschlag erschütterte Amerika, ja die westliche Welt bis ins Mark. Die damalige Bush-Administration verfiel in tiefe Traurigkeit darüber, dass Amerika sich als so verwundbar erwiesen hatte. Die Traurigkeit und der Schmerz der Verwundbarkeit generierten den Gedanken eines Gegenschlags gegen den internationalen Terrorismus. Ins Visier geriet damals, wie man heute weiß zu Unrecht, Saddam Hussein im Irak. Strategien wurden entwickelt, die sich zwar die Würde des Menschen und die Demokratisierung arabischer Staaten auf die Fahnen schrieben, im Letzten aber wieder zu Gewalt und Tod führten. Welche Signale etwa sandten Folterbilder aus dem irakischen Gefängnis Abu-Ghraib aus? Welche Signale sendet immer noch Guantánamo aus?

Belegt das alles nicht in der Tat, dass die „Traurigkeit der Welt“, von der Paulus spricht, einen Sog zum Tode hat? Mit dieser Feststellung wird man zwar der Komplexität der Probleme, die mit dem internationalen Terrorismus aufgeworfen werden, nicht gerecht. Aber einen berechtigten Aspekt in einer Vielzahl von Aspekten stellt sie fraglos dar.

Lassen wir uns von Paulus und vom Beispiel der Gemeinde in Korinth auf einen besseren Weg bringen, sowohl als Einzelne wie in den Beziehungen der Gesellschaften zueinander. Gehen wir die Wege des Lebens, auch im Dialog zwischen Kulturen und Religionen. Und dies auf der Basis der Überzeugung, dass letztlich alle Religionen sich als Weg zu Frieden und Gerechtigkeit verstehen.

Verlass

Jes 54,7-10

Nur für eine kleine Weile habe ich dich verlassen, doch mit großem Erbarmen hole ich dich heim. Einen Augenblick nur verbarg ich vor dir mein Gesicht in aufwallendem Zorn; aber mit ewiger Huld habe ich Erbarmen mit dir, spricht dein Erlöser, der Herr. Wie in den Tagen Noachs soll es für mich sein: So wie ich damals schwor, dass die Flut Noachs die Erde nie mehr überschwemmen wird, so schwöre ich jetzt, dir nie mehr zu zürnen und dich nie mehr zu schelten. Auch wenn die Berge von ihrem Platz weichen und die Hügel zu wanken beginnen – meine Huld wird nie von dir weichen und der Bund meines Friedens nicht wanken, spricht der Herr, der Erbarmen hat mit dir.

Ein Text aus dem Propheten Jesaja, der gewissermaßen zu schön klingt, um wahr zu sein. Woher nahm er die Berechtigung, so formuliert zu werden? Um der Frage näher zu treten, müssen wir uns in die damalige Situation hineindenken, in der er entstand, um aus ihm vielleicht Aktualisierungen für uns zu vernehmen.

Geschichtlich befinden wir uns mit Jesaja 54,7-10 in den letzten Jahren des Babylonischen Exils, etwa in dem Jahrzehnt zwischen 550 und 540 v. Ch. Große Teile der Bevölkerung Jerusalems und Judas waren bis auf wenige Reste der armen Landbevölkerung gut dreißig Jahre vorher nach Babylon verschleppt worden. Zurückgeblieben waren ein zerstörter Tempel und eine dezimierte Stadt ähnlich heute dezimierter Städte in Tschetschenien oder Afghanistan. Da tritt in Babylon ein Prophet auf, den wir historisch nicht näher benennen können, der in die hoffnungslose Lage der Verschleppten hinein das Unglaubliche und nicht mehr Erhoffte zu sagen wagt: Gott werde ihr Schicksal wenden, er habe von seinem Zorn abgelassen, er werde gegenüber seinem Volk Erbarmen walten lassen. Der geschichtliche Hintergrund dieser mutigen Ansage dürfte in der Tatsache zu vermuten sein, dass im Erstarken des Perserkönigs Kyros Babylon damals ein mächtiger Gegner erstand, auf den die Verschleppten Hoffnung setzen durften.

In diese durchaus ambivalente Situation hinein stoßen die Worte des Propheten wie Fanfarenstöße. Sie sind kunstvoll gebaut. Sie scheinen darum zu wissen, wie schwer es den Exilierten fallen musste, an eine Perspektive, an eine neue Zukunft in Jerusalem zu glauben, dessen gesamte religiös-kultische, kulturelle und soziale Infrastruktur in Trümmern lag. In drei Ansätzen will Jes 54,7-10 das Ohr der Exilierten erreichen. „Nur eine kleine Weile habe ich dich verlassen, doch mit großem Erbarmen hole ich dich heim. Einen Augenblick nur verbarg ich vor dir mein Gesicht in aufwallendem Zorn, aber mit ewiger Huld habe ich Erbarmen mit dir, spricht den Erlöser, der Herr.“ Durch den Mund des Propheten spricht Gott. Zunächst fällt - wie man in der Fachsprache sagt - der so genannte „Parallelismus membrorum“ der Satzkonstruktion auf. Der zweite Satz sagt inhaltlich nichts wesentlich anderes als der erste. Dieser Parallelismus will die Aussage als verlässlich und glaubhaft hinstellen. Bedeutsam ist dabei das Ungleichgewicht der kleinen Weile des sich Abwendens Gottes und seines nur kurz währenden Zornes auf der einen und seines großen Erbarmens und seiner ewigen Huld auf der anderen Seite. Der Zorn Gottes - eine Formulierung, die uns nicht gefallen mag - ist in der Tat aufgrund der Satzstruktur vernachlässigbar und nicht der Rede wert. Nicht am vorübergehenden Abgewandt sein Gottes soll sich das Volk orientieren und nicht an seinem kurz aufwallenden Zorn. Was zählt, sei Gottes großes Erbarmen und seine ewige Huld.

Wir ermessen kaum die Bedeutungstiefe, die in diesen Worten - hebräisch „rachamim für großes Erbarmen und „chesed“ für ewige Huld - mitschwingt. Dem Wort „rachamim“ liegt das Wort „rechem“, Mutterschoß, zugrunde. „Rachamim“, von Gott ausgesagt, verweist auf die zarte, naturverbundene emotionale Liebe einer Mutter zu ihrem Kind. Gottes Liebe, so will der Prophet sagen, ist der zärtlichen, fast verletzbaren mütterlichen Liebe vergleichbar. Das kann in der Situation der Verschleppten nicht ohne weiteres auf fruchtbaren Boden gefallen sein. Ihre reale Erfahrung sprach Bände dagegen.

Für uns heute mag sich bei den Begriffen „rechem“ für Mutterschoß und „rachamim“ für mütterliche Liebe der aktuelle gesellschaftsethische Diskurs um Stammzellenforschung, Embryonenverbrauch, therapeutisches Klonen und Präimplantationsdiagnostik in den Vordergrund schieben. Bei manchen vielleicht auch die Sorge, dass es angesichts hoher Abtreibungszahlen und geschlechtlicher Promiskuität um Fertilität und Kinderfreundlichkeit in unserer Gesellschaft schlecht bestellt sei. Nur darf man wohl zu bedenken geben, dass trotz allem die konkrete Liebe einer konkreten Mutter zu ihrem Kind nach wie vor von naturhaft bedingter Intensität ist. So lange sie nicht, wie schreckliche Familiendramen immer wieder zeigen, Belastungen ausgesetzt ist, denen sie nicht mehr standhält.

In dem Zusammenhang ist freilich auch die Frage zu stellen, inwieweit solche Familiendramen auch daher rühren - auch, nicht allein! -, dass für viele heute Gott kein realer Bezugspunkt des Lebens darstellt. Um es ungeschützt und fahrlässig genug zu sagen: Heute scheint uns, anders als den Verschleppten in Babylon, nicht viel zu fehlen, wenn uns Gott fehlt. Aber ob es nicht nur so scheint, ohne tatsächlich so zu sein? Wenn wir genauer hinsehen, zeigt sich auch im Lebenstext der Menschen von heute eine gewiss verdeckte Gottesbedürftigkeit. Viele suchen, so sagt die Kirchenkonstitution Lumen gentium des Zweiten Vatikanischen Konzils, Gott „in Schatten und Bildern“ (LG 16), so dass an ihnen eine Zusage wie in Jesaja 54 nicht einfach abprallen dürfte. Was nicht heißt, dass sie sie mit fliegenden Fahnen annehmen müssten. Sitzen wir damit nicht mit den Exilierten Babylons in einem Boot? Auch ihnen dürfte der Glaube an die Worte des Propheten schwer gefallen sein. Sie waren von seiner Verlässlichkeit nicht gleich überzeugt. Deshalb setzt er, für die Verschleppten damals wie auch für uns, ein zweites Mal an: Er verweist auf die Tage des Noach und die verheerende Flut, die damals über die Menschheit gekommen war. Und erinnert an den Schwur Gottes, niemals mehr so zu zürnen. Der Prophet spürt, dass er damit die Herzen der Verschleppten noch immer nicht erreicht hatte, weshalb er ein drittes Mal ansetzt, in einer im ersten Moment vollends enttäuschenden Argumentation, die es aber gerade deshalb in sich hat: „Auch wenn die Berge von ihrem Platz weichen und die Hügel zu wanken beginnen – meine Huld wird nie von dir weichen und der Bund meines Friedens nicht wanken, spricht der Herr, der Erbarmen hat mir dir.“

Was ist das für ein Zuspruch? Ein Zuspruch, der seinen Grund und Boden nur noch *in Gott* und nur noch in seinem Wort hat, und in sonst nichts. Es mag Erdbeben, Überschwemmungen, Tsunamis, Katastrophen und was sonst geben, vergesst all diese Szenarien, die euch verunsichern, die euch das Schlimmste abverlangen: Ich stehe zu euch, mit meiner „rechem" und meiner „rachamim". Das klingt in unseren Ohren fast zynisch. Aber genau an diesem Punkt entscheidet es sich: Ob wir Gott zum Zyniker abstempeln oder ob wir zugestehen wollen, dass er uns zur Seite ist, mit uns geht, auch wenn sich für uns nichts lichtet, sich nichts löst, sich nichts tut. Wir sollten damit rechnen, dass er längst schon die tragende Kraft unseres Leben ist, wo uns alle Kräfte verlassen. Es ist etwas dran und wir sollten uns vor dieser Möglichkeit nicht verschließen und indem wir uns ihr nicht verschließen, beginnen wir zu glauben, dass unser Leben eine Tiefe hat, an die wir nicht herankommen, über die wir nicht verfügen, aus der uns ahnend die eigentliche Wahrheit unseres Lebens entgegenkommt: Gott in seiner unerkannten oder nur erahnten Liebe und Zuwendung.

Die Worte aus Jesaja ermutigten schließlich die Verschleppten, sie können auch uns ermutigen, wieder Wurzeln zu schlagen im Glauben. Die Verschleppten haben sich schweren Herzens auf diesen Glauben eingelassen. Das sollten auch wir tun, denn „der Bund seines Friedens wird nicht wanken."

Umkehr

Joel 2,12-18

Spruch des Herrn: Kehrt um zu mir von ganzem Herzen mit Fasten, Weinen und Klagen. Zerreißt eure Herzen, nicht eure Kleider, und kehrt um zum Herrn, eurem Gott! Denn er ist gnädig und barmherzig, langmütig und reich an Güte, und es reut ihn, dass er das Unheil verhängt hat. Vielleicht kehrt er um, und es reut ihn, und er lässt Segen zurück, so dass ihr Speise- und Trankopfer darbringen könnt für den Herrn, euren Gott. Auf dem Zion stoßt in das Horn, ordnet ein heiliges Fasten an, ruft einen Gottesdienst aus! Versammelt das Volk, heiligt die Gemeinde! Versammelt die Alten, holt die Kinder zusammen, auch die Säuglinge! Der Bräutigam verlasse seine Kammer und die Braut ihr Gemach. Zwischen Vorhalle und Altar sollen die Priester klagen, die Diener des Herrn sollen sprechen: Hab Mitleid, Herr, mit deinem Volk, und überlass dein Erbe nicht der Schande, damit die Völker nicht über uns spotten. Warum soll man bei den Völkern sagen: Wo ist denn ihr Gott? Da erwachte im Herrn die Leidenschaft für sein Land, und er hatte Erbarmen mit seinem Volk.

Warum liegt uns die Bibel so oft und so nachdrücklich mit der Aufforderung zur Umkehr in den Ohren? Sowohl im Alten wie im Neuen Testament? Aber was heißt hier schon uns? Die Umkehrrufe richten sich erst in zweiter Linie, erst in einer Art Ableitung an uns, in erster Linie sind sie immer zu Menschen in einer konkreten Situation, in einen konkreten Kontext hinein gesprochen. Das erklärt die uns bisweilen befremdende Art der Umkehrrufe und die Art und Weise, zu welchen Schritten, zu welchen Zeichen der Umkehr sie aufrufen. Ein wenig mag uns die zupackende dichterische Sprache bei Joel unser Befremdet sein vergessen lassen, auch wenn wir die einzelnen Aussagen eher nur erahnen als sie inhaltlich wirklich nachvollziehen zu können. Vom Zerreißen der Herzen ist da die Rede, nicht der Kleider, von einem Aufruf, einen Gottesdienst zu feiern, zu dem sich alt und jung, selbst die Säuglinge versammeln sollen. Und natürlich von einem heiligen Fasten. Befremden könnte uns allerdings, wiewohl es andererseits auf uns auch einen sympathischen und ansprechenden Eindruck machen kann, welch menschliche, ja allzu menschliche Züge Gott in diesem Text annimmt. Da ist nicht nur von der notwendigen menschlichen Umkehr zu Gott die Rede, sondern auch von einer Umkehr Gottes: Vielleicht kehrt er um, und es reut ihn und er lässt wieder seinen Segen spüren. Nicht nur, dass unser Text mit solchem Gesinnungswandel in Gott keine Schwierigkeiten zu haben scheint, mit Gott, von dem die scholastische Theologie in Anlehnung an die aristotelische Philosophie vom „unbewegten Beweger" sprach. Hinzukommt, dass sein Gesinnungswandel kausal von der Buße der Menschen ausgelöst ist. Aber müssen wir damit wirklich Schwierigkeiten haben? Als hätten wir, wenn wir schon gläubig sind, was ja heute keine Selbstverständlichkeit ist, selbstverständlich ein von solchen Infantilismen geläutertes Gottesbild?

Im Begriff Gottes*bild* liegt die Antwort auf unsere Frage. Die biblischen Erzählungen, Gebete und Hilferufe zu Gott entraten nicht der Tatsache, dass sich in ihnen ein *menschliches Bild* von Gott ausdrückt, das aber nicht das Produkt menschlicher Phantasie ist, als hätte es keine andere Basis und keinen anderen Grund. Nein, die Erzählungen der Bibel, ihre Gebete und Hilferufe sind fundamental getragen von einem ihnen zugrundliegenden Offenbarungsakt *Gottes*, hinter dem *Gott als Gott* steht, ein Offenbarungsakt, den der Mensch freilich nur in der Weise seines menschlichen Vermögens aufnehmen kann, woraus sein *Bild* Gottes resultiert. Eben das spricht auch aus dem Joeltext, aus den dann doch nicht so unsympathischen menschlichen Zügen Gottes.

Der Joeltext ruft uns gern in der Fastenzeit zu Umkehr und Fasten auf. In einer Zeit, in der das Jahr die harte Winterschale loswird und den Aufbruch ins Frühjahr wagt. Das macht auch mit uns etwas. Die Starre des Winters, die warmen Klamotten, der Blick auf die Waage - wir haben manches loszuwerden, abzuschütteln, um mit der Bewegung in das Frühjahr mitzuhalten. Die Frühjahrstage sind weit eher als der kalendarische Sprung vom alten ins neue Jahr geeignet, um gute Vorsätze zu fassen. Man kommt auf den Gedanken aufzuräumen, die Fenster zu putzen, mancher Kram fällt an, so dass wir häufiger als sonst den Wertstoffhof ansteuern. Und wir beziehen dieses „Aufräumen" dann auch auf uns, Ordnung zu machen, Liegengebliebenes anzupacken, irgendwie erneuert in das Frühjahr zu starten. Was ist die treibende Dynamik dahinter? Die natürlich nicht jeden im selben Maß überkommt. Sind wir hier einfach „Opfer“ der im Frühjahr steigenden Lebenssäfte, die uns biologisch lebendiger machen? Das mag wohl sein, aber könnte diese Erfahrung nicht gleichzeitig über diesen bloß biologischen Zusammenhang hinausweisen auf eine Erneuerung, die wir jenseits von Frühjahrsputz und Gewichtsabnahme suchen? Auf eine Orientierung, die Joel in sehr menschlicher Weise als den Herrn, als Gott, angesprochen hat?

Neuorientierungen brauchen ein Motiv. Im Fall des Propheten Joel lag das Motiv auf der Hand. Die Menschen hatten damals im 5. oder 4. Jahrhundert v. Ch. im Raum Palästinas unter einer Häufung von Dürreperioden und unter Schwärmen von Heuschrecken zu leiden, die alles kahl fraßen, was die Dürre übrig gelassen hatte. Wirkliche Heuschrecken waren es, nicht die Geldhaie und spekulationssüchtigen Investmentbanker, die als „Heuschrecken“ in unseren Tagen von sich reden machten. Joel lenkt den Blick der Menschen auf Gott, auf ihn Vertrauen zu setzen. Das mag ihnen schwergefallen sein, weil sie die Plagen als von Gott geschickte Plagen ansahen. Uns erreicht ein so motivierter Umkehrruf auf dem Hintergrund von Naturkatastrophen als Gott geschickter Plagen nicht mehr. Denn wir wissen, was damals bei der vergleichsweise geringen Weltbevölkerung nicht in Frage kam, dass Klimakatastrophen, Dürreperioden und Überschwemmungen zu Teilen auch auf menschliches Verschulden zurückgehen. Sind wir deshalb resistent gegenüber Umkehrrufen? Schon gar, wenn sie Gott auf dem Radarschirm haben?

Nein, sicher nicht. Wir leben in anderen Szenarien, in denen uns gleichwohl Umkehrrufe erreichen und ansprechen. Wir empfinden und registrieren, dass bei uns nicht alles rund läuft. Wir merken, dass uns etwas fehlt, bei allem, womit wir unser Leben ausgestattet haben. Dass uns etwas fehlt, das wir vermissen, ohne das Vermisste genau benennen zu können. Es gibt wohl im Leben jedes Menschen, egal, ob er gläubig-religiös ist oder von allen Formen des Glaubens weit weg zu sein meint, einen Bereich, eine substantielle Verankerung, ohne den, ohne die er nicht leben kann. Eine Verankerung, über die er gar nicht richtig verfügt, die ihm eher geschenkt ist. In solchen Erfahrungen öffnet sich das Leben, ruft es nach mehr, ja, stützt es sich bereits auf mehr, als wir uns gemeinhin eingestehen. Sie weisen in eine Richtung, die der Glaube mit „Gott" benennt, auf den hin wir unsere Umkehr anzulegen eingeladen sind.

Dabei kann uns der Joeltext in der Tat Anregungen geben. Er spricht von Fasten, Weinen und Klagen. Das Fasten hatte damals, anders als heute, seinen Schwerpunkt nicht in der Entsagung, in der Entbehrung, erst recht nicht im Entschlacken des Körpers. Es zielte auf einen Läuterungsvorgang, um den Kopf, ja die ganze Existenz für Gott frei zu haben. Das Weinen und Klagen nahm eine Anleihe bei der damaligen Totenklage, beim Schmerz über den Verlust eines lieben Menschen. Im Umkehrprozess sollte manche Todesstrecke des eigenen Lebens zurückgelassen werden, damit man lebendiger herauskomme. Es ging nicht darum, bloß äußere Gesten der Umkehr zu setzen, wie das Zerreißen der Kleider. Nein, es sollte um das Zerreißen der Herzen gehen. Das ist ein Bild einer wirklichen Hinordnung auf Gott. Joel versucht, dafür Motive zu liefern. Gott sei gnädig, barmherzig, nichts als lauter Güte.

Vor solchen Sätzen haben wir eine Scheu, wir verdächtigen sie der Leerformel. Heute sind es nicht Dürreperioden und Heuschrecken, heute ist es die Säkularisierung, gedeutet als die endlich vollzogene Emanzipation aus religiösen Zwängen und religiöser Bevormundung, die uns von Gott abhält. So sehr das nachzuvollziehen ist und konkrete Erfahrungen etwa mit der Institution Kirche heute dazu veranlassen können, aus der Kirche auszutreten, sagt das noch wenig über die Suchbewegung des heutigen Menschen nach Gott. Es kann sogar sein, dass manche wegen ihres Glaubens, wegen ihrer Gottsuche aus der Kirche austreten. Das heißt aber, es gibt in unserem Leben tatsächlich Hinter- und Untergründiges, ohne das wir nicht leben können. Damit fallen wir nicht in eine Naivität zurück, derer wir uns schämen müssten. Wir rühren vielmehr an existentielle Dimensionen unseres Lebens, denen wir im Umkehrruf nachgehen sollen.

Joel ruft dazu auf, in die Vuvuzels zu blasen. Nein, er fordert dazu auf, ins Horn zu stoßen. Dabei kann man sich schon an den ohrenbetäubenden und nervtötenden Sound der WM in Südafrika erinnert fühlen. Joel ruft dazu auf, dass sich alt und jung zum Gottesdienst versammle, in welchem die Umkehr rituelle Gestalt annimmt, damit sie sich ins Leben hinein ausforme. Vielleicht sollen wir am Ende Joels Frage: Wo ist denn ihr Gott? als Frage an uns richten: Wo ist denn Gott, für mich?

Wasser des Lebens

Joh, 7-37-39

Am letzten Tag des Festes, dem großen Tag, stellte sich Jesus hin und rief: Wer Durst hat, komme zu mir, und es trinke, wer an mich glaubt. Wie die Schrift sagt: Aus seinem Inneren werden Ströme von lebendigem Wasser fließen. Damit meinte er den Geist, den alle empfangen sollten, die an ihn glauben; denn der Geist war noch nicht gegeben, weil Jesus noch nicht verherrlicht war.

Aus dem Zusammenhang gerissen setzt dieser Text bei uns zu viel voraus. Wovon war da die Rede? Vom letzten Tag eines Festes? Welchen Festes? Assoziativ allerdings könnten die Sätze bei uns Bekanntes aufrufen. Auch wir feiern in unserem Kulturraum Feste, zumal in den Wochen des Spätsommers nach der Ernte, Volksfeste, Ernte-Dank-Feste, Wein- und Winzerfeste, und alles übertreffend in München das Oktoberfest. Diese Feste haben mittlerweile einen rein säkularen Charakter. Das war damals in der durch und durch religiös geprägten, auf den Tempel in Jerusalem ausgerichteten Welt anders. Dort beging man nach der Ernte das so genannte Laubhüttenfest, ein auf den Tempel in Jerusalem und auf Jahwe ausgerichtetes Dankfest, mit dem man zugleich die Bitte um Geheihen und Wohlergehen für das kommende Jahr verband. Warum es „Laubhüttenfest" hieß, ist umstritten. Es gibt dazu verschiedene Erklärungen, die für uns nicht weiter von Belang sind.

Von Bedeutung aber ist ein immer gleichbleibender Ritus des Laubhüttenfestes. Man schöpfte Wasser aus der Schiloach-Quelle und trug es in feierlicher Prozession zum Tempelplatz, wo man es am Brandopferaltar in eine Schale goss. Es war ein Ritus, in dem man um Regen für das kommende Jahr bat. Wasser spielte also eine entscheidende Rolle. Aber nicht nur das. Man wusste sich auch zu vergnügen, man aß und trank, wie bei allen Volksfesten auf der Erde. Am letzten Tag des Festes ist Jesus auf dem Tempelplatz und gibt dem Wasserritus und der Tatsache, dass die Leute an diesen Tagen gern einen über den

Durst tranken, eine neue Deutung: „Wer Durst hat, der komme zu mir! Und es trinke, wer an mich glaubt.“ Ohne den Zusammenhang mit dem Wasserritus des Festes hätte kein Mensch Jesus auch nur im Mindesten verstehen können. Man hätte eher fürchten müssten, dass ihn die Tempelpolizei wegen des Verdachtes erhöhten Alkoholkonsums abgeführt hätte. So aber dürfte es den Menschen nicht schwer gefallen sein, die Sätze Jesu nicht in einem banal wörtlichen, sondern in ihrem übertragenen Sinn zu verstehen: Wer Durst hat, komme zu mir.

Dieser Satz war umso leichter zu verstehen - wenngleich es sicher nicht leicht war, ihm bis in die letzte Tiefe zu folgen -, als der Wasserritus des Laubhüttenfestes nicht nur auf den Regen und das Wachstum auf den Feldern anspielte, sondern immer auch schon eine geistliche Dimension enthielt. Sie verdunkelte sich allenfalls für die, die zu tief ins Glas geschaut hatten. Die geistliche Dimension des Wasserritus hatte eine lange Tradition. Sie war im kollektiven Bewusstsein tief verankert. Darauf deutet das Wort bei Jesaja: „Ihr werdet Wasser schöpfen voll Freude aus den Quellen des Heils“ (Jes 12,3). Vom Heil ist hier die Rede, nicht bloß von guter Ernte. Wobei reales Leben und Heil für die Menschen damals nicht weit auseinander lagen. Überhaupt war Wasser als Heilsgabe Jahwes an sein Volk in dessen genetisches Programm eingeschrieben. Sie hätten in der Wüste kollektiv nicht überlebt, wenn nicht Mose auf Jahwes Geheiß Wasser aus dem Felsen am Horeb geschlagen hätte, für Mensch und Vieh (vgl. Ex 17,6). Darauf nimmt auch Paulus im ersten Korintherbrief Bezug, wenn er in Erinnerung ruft: „Alle tranken den gleichen gottgeschenkten Trank; denn sie tranken aus dem Leben spendenden Felsen, der mit ihnen zog“ (1 Kor 10,4). Und er liefert noch die Deutung mit, die unmittelbar an unseren Johannestext heranführt: „Und dieser Fels war Christus“ (1 Kor 10,4).

Sofern die von Jesus am Tempelberg Angesprochenen auch nur etwas von ihrer kollektiven religiösen Identität in sich hatten, mussten sie verstehen, wovon Jesus sprach. Die Lebensströme des göttlichen Geistes seien über ihn zu beziehen. An die komme heran, wer an ihn glaube. Und sie konnten sich an die Verheißung des Propheten Joel erinnert fühlen, der von Jahwe gesagt hatte: „Ich werde meinen Geist ausgießen über alles Fleisch", mit einer Wirkung, die jener ähnlich war, von der Jesus gesprochen hatte. „Eure Söhne und Töchter werden Propheten sein, eure Alten werden Träume haben, und eure jungen Männer Visionen. Auch über Knechte und Mägde werde ich meinen Geist ausgießen in jenen Tagen" (Joel 3,1-2). Jesus brachte dasselbe in dem Satz um Ausdruck: Aus ihrem Inneren werden Ströme von lebendigem Wasser fließen. Nur stand das Ganze in der Situation auf dem Tempelplatz unter einem zeitlichen Vorbehalt. Erst müsse Jesus verherrlicht sein, dann werde der Geist kommen.

Heute versteht sich die Gemeinschaft der Glaubenden als eine Gemeinschaft, in der die Einzelnen vom Heiligen Geist beschenkt sind. Nur, wo bleiben die Ströme des lebendigen Wassers, die aus ihnen fließen?

Es mag sein, dass uns das Bild des lebendigen Wassers zunächst in eine andere Richtung drängt. Wir könnten an die Wassernot und Wasserknappheit in vielen Ländern der Erde denken. An Länder, deren bewohnte Flächen vor Dürre verdursten, in denen Menschen, zumeist Frauen und ihre Kinder, weite Wege zurücklegen, um trinkbares Wasser zu schöpfen. Oft finden sie nur verunreinigtes Wasser, das ihre Gesundheit gefährdet und sie krank macht. Bei uns kommt strömendes, lebendiges Wasser aus dem Wasserhahn, kalt und warm, ganz nach Belieben. Der ungleiche Zugang zum Wasser als Grundlage des Lebens stellt ein weltethisches Problem dar.

Zurück zu Jesus. Er spricht davon, „aus uns", die wir von seinem Geist beseelt sind, würden Ströme lebendigen Wassers fließen. Wie haben wir uns das vorzustellen? Gewiss ist das ein Bild, eine Metapher, aber was will sie sagen? Vielleicht bahnt uns das Gleichnis von den Talenten im Matthäusevangelium einen Weg zum Verständnis (vgl. Mt 25,14-30). Dort ist von drei Dienern die Rede, die von ihrem Herrn, bevor er auf Reisen geht, Geld anvertraut bekommen. Fünf Talente der Erste, zwei Talente der Zweite und ein Talent der Dritte. Der springende Punkt des Gleichnisses liegt darin, dass der Erste und Zweite mit ihren Talenten etwas anfangen, während der Dritte aus Angst, er könne das Talent verlieren und am Ende beschämt vor seinem Herrn stehen, aus seinem Talent nichts macht. Auf uns bezogen:

Ströme lebendigen Wassers beginnen dann aus uns zu fließen, wenn wir uns entwickeln, uns annehmen, wie wir sind, mit unseren Stärken und Schwächen. Wenn wir also entschieden und bewusst den Lebensraum betreten, den uns Gott mit unserem Leben eröffnet hat.

Das mag nach „Selbstverwirklichung“ klingen, die man eher nicht mit den Gedanken Gottes in Verbindung bringen mag. Doch hier kommt es darauf an, *ob* jemand aus lauter Selbstsorge und aus Sorge, nicht zu kurz zu kommen, um sich kreist, geradezu aus dem Grundmotiv des Misstrauens ins Leben *oder* ob jemand in sein Leben hineinwächst und die Räume seines Lebens in der Überzeugung betritt, von Gott zu den Aufgaben seines Lebens berufen zu sein. Und dies auf der Basis des Vertrauens, dass sein Leben einen stabilen Grund hat, noch bevor er ihm überhaupt eine Stabilität verleihen konnte, sei sie privater, beruflicher, ökonomischer, gesellschaftlicher oder kultureller Art. In solchem Vertrauen zu leben und in dem so begründeten „Selbstvertrauen“ anderen zu begegnen, das bedeutet im Grunde, aus sich Ströme lebendigen Wassers fließen zu lassen. Das würde die Art und Weise verändern, wie Lebenspartner miteinander um- und aufeinander eingehen; wie Eltern ihren Kindern, gerade auch ihren pubertierenden Heranwachsenden begegnen; wie mit der Generation der Alten umgegangen wird, die dann nicht nach ökonomischen Rentabilitätsaspekten eingestuft wird usf.

Unsere Phantasie und unser Blick auf das Leben sind gefragt, wo wir und wie wir zum Quell lebendigen Wassers werden können. „Habt keine Angst“, lautete ein Motto des neugewählten Benedikt XVI. Es gilt auch dafür, uns im Bild des lebendigen Wassers zu sehen.

Für Gott leben

Röm 6,3-11

Wisst ihr denn nicht, dass wir alle, die wir auf Christus Jesus getauft wurden, auf seinen Tod getauft worden sind? Wir wurden mit ihm begraben durch die Taufe und den Tod; und wie Christus durch die Herrlichkeit des Vaters von den Toten auferweckt wurde, so sollen auch wir als neue Menschen leben. Wenn wir nämlich ihm gleich geworden sind in seinem Tod, dann werden wir mit ihm auch in seiner Auferstehung vereinigt sein. Wir wissen doch: Unser alter Mensch wurde mitgekreuzigt, damit der von der Sünde beherrschte Leib vernichtet werde und wir nicht Sklaven der Sünde bleiben. Denn wer gestorben ist, der ist frei geworden von der Sünde. Sind wir nun mit Christus gestorben, so glauben wir, dass wir auch mit ihm leben werden. Wir wissen, dass Christus, von den Toten auferweckt, nicht mehr stirbt; der Tod hat keine Macht mehr über ihn. Denn durch sein Sterben ist er ein für allemal gestorben für die Sünde, sein Leben aber lebt er für Gott. So sollt auch ihr euch als Menschen begreifen, die für die Sünde tot sind, aber für Gott leben in Christus Jesus.

Leicht macht es uns Paulus in seinem kreisenden Gedankengang zur Bedeutung des Todes und der Auferstehung Jesu nicht. So dürfte es schon den Erstadressaten des Briefes, den Christinnen und Christen der Gemeinde in Rom, ergangen sein. Paulus trägt gewissermaßen einen theologischen Traktat vor, von dem manches an uns haften bleibt und paradoxerweise gleichzeitig auch an uns abprallt. Die Häufung der abstrakt wirkenden Begriffe wie Taufe, Tod, Mitsterben, Mitgekreuzigt werden, Mitbegraben werden, Mitauferstehen mit Christus, der Sünde gestorben sein, für Gott leben, das alles ist ein wenig viel auf einmal.

Ich kann mich täuschen und dabei nur das Opfer meiner subjektiven Assoziation sein, wenn ich denke, dass bei uns am ehesten, im ersten Moment überraschend genug, der Begriff des Mitsterbens hängen bleibt. Allerdings in einem ganz anderen als von Paulus gemeinten

Sinn. Ich denke an die Selbstmordattentäter im Irak, in Afghanistan und anderswo, die andere mit sich in den Tod reißen und sie zu Mitsterbenden machen. Dabei soll es sich in letzter Zeit vermehrt um Selbstmordattentäterinnen handeln, die von Männern instrumentalisiert, entpersönlicht, ja, und unter Drogen gesetzt sind und deren Sprengsätze, die sie am Leib tragen, Männer fern zünden. Dieses menschenverachtende Szenario des „Mitsterbens“ stellt sich bei mir ein, wenn Paulus vom Mitsterben spricht. In seiner Grässlichkeit ein nicht mehr zu überbietendes mörderisches Szenario, auf das der von Paulus an unserer Stelle gebrauchte Begriff der Sünde, griechisch der „hamartia“, in voller Wucht zutrifft. Dieses gewaltsam mit in den Tod Gerissenwerden ist der äußerste Gegensatz zu jenem Mitsterben, das sich in der Taufe an uns vollzog. Denn die Taufe stellt den rettenden Griff Gottes nach uns dar, durch den wir dem Wurzelgeflecht aus Sünde und Verstrickung entrissen wurden.

Wie kam Paulus nur auf den Gedanken, die Taufe als Mitsterben mit Christus zu deuten? Noch dazu in einer Art, als müsse diese Deutung jedem Gemeindemitglied in Rom längst geläufig sein? „Wisst ihr denn nicht, dass wir, die wir auf Christus Jesus getauft wurden, auf seinen Tod getauft worden sind? Wir wurden mit ihm begraben durch die Taufe auf den Tod.“ Man muss redlicherweise sagen, dass Paulus hier lediglich *eine* von mehreren Deutungen der Taufe vorträgt, die das Neue Testament kennt. Alle Deutungen zusammen sind darauf angewiesen, sich sprachlicher Bilder zu bedienen, wobei nicht eines dieser Bilder wirklich ausreicht, das Wesen der Taufe zu erfassen. Das ursprünglichste Deutungsbild dürfte das der Waschung, der Reinigung durch die Taufe gewesen sein. Verstanden als eine einmalige, nicht wiederholbare Reinigung. So schreibt Paulus im ersten Korintherbrief: „Ihr seid reingewaschen, seid geheiligt, seid gerecht geworden im Namen Jesu Christi“ - durch die Taufe, haben wir hier gedanklich zu ergänzen (vgl. 1 Kor 6,11). Wobei die Betonung nicht auf einer dinglich-magischen Wirkung der Taufe liegt, sondern auf der in ihr geschenkten Erneuerung, in der der Mensch fortan sein Leben gestalten soll. Eine andere Deutung verknüpft die Taufe mit dem Geistempfang (vgl. Apg 2,38). Wieder eine andere versteht die Taufe als Wiedergeburt. Und in der nachbiblischen Zeit, das heißt in der Zeit der neutestamentlichen Kanonbildung, tritt an der Taufe das Moment der

Eingliederung in die Kirche in den Vordergrund. Alle diese Deutungen tasten sich auf ihre Weise an die Taufe heran, ohne sie ganz zu verstehen.

Nichts anderes tut Paulus hier im Römerbrief. Er sieht sich gedrängt, die Taufe in einem neuen Bild zu erschließen, um den Christen in Rom bewusst zu machen, auf welcher Grundlage sie ihr Leben leben und deuten sollen. Dabei fließen in seine Ausführungen fraglos autobiographische Elemente ein. Er saugt sich die Deutung der Taufe als Mitsterben mit Christus nicht gewissermaßen aus den Fingern, um sozusagen eine neue Tauftheorie bzw. eine neue Tauftheologie zu kreieren. Seine Tauftheologie ist, wie sollte es anders sein, mit biographischen Elementen durchsetzt. Dabei ging es ihm nicht in erster Linie um die Taufe als solche, sondern um das Leben aus der Taufe, um das Leben „vor und für Gott", wie er sagt. Da lagen biographische Anklänge und biographische Erfahrungen nahe. Man hört sie unschwer heraus aus Phil 3, 10, wo Paulus seiner Hoffnung mit den Worten Ausdruck verleiht: „Sein (Jesu) Tod soll mich prägen. So hoffe ich, auch zur Auferstehung von den Toten zu gelangen." Und in Gal 2,19 sagt er unumwunden: „Ich bin mit Christus gekreuzigt worden; nicht mehr ich lebe, sondern Christus lebt in mir." Offenbar will Paulus der Gemeinde in Rom durch sein Leben aus der Taufe ein gewissermaßen nicht unbescheidenes Vorbild sein.

Wir sind, so entwickelt er seinen Gedanken, in der Taufe mit Christus gestorben. Und so, wie er auferstanden ist, sollen auch wir ein neues Leben führen. Damit hat er eigentlich alles gesagt, aber er will dem noch mehr Nachdruck verleihen. Mit Jesu Tod vereint, werden wir auch in seiner Auferstehung vereint sein. Die Vorstellung, bei der Taufe vollziehe sich ein Sterbevorgang, und zwar ein Mitsterben mit Christus, berührt uns sicher eigenartig. Vor allem deshalb, wenn wir an die Taufe von Säuglingen denken, von ins Leben hineingeborenen Geschöpfen, die mit jedem neuen Tag einen Schritt mehr in ihr Leben hinein setzen. Hier von Sterben zu reden, tut weh, verständlicherweise. Und richtig verstanden ist die Taufe ja auch eine Ermächtigung ins Leben, ist sie so etwas wie die Annahme des Lebens aus Gottes Hand. Aber darin liegt gleichzeitig ein Moment des Zurücklassens, des Loslassens aller Todeszonen des Lebens. Im Falle der Kindertaufe eines vorausgenommenen und im Leben erst einzulösenden Loslassens. Bei der Erwachsenentaufe der frühen Kirche aber kam das Moment des Sterbens als Mitsterben mit Christus im Symbol des vollständigen Untertauchens des Täuflings unmittelbar zum Ausdruck. Hier symbolisierte das Wasser die tödliche Gefahr des Ertrinkens, des Erstickens, woran heutzutage auf ihre Weise die grausame Verhörmethode des „water boarding" erinnert. Der Täufling tauchte wieder auf und symbolisierte damit das neue Leben des Auferstandenen am eigenen Leib.

Was in der Taufe symbolisch geschah, wobei symbolisch nicht heißt, lediglich spielerisch, sozusagen ohne Effekt, ohne Wirkung, sondern was Wirklichkeit setzend geschah, das sollen die Getauften in ihrem Leben leben und einholen. Paulus nennt das „leben für Gott in Christus Jesus." Ehrlich gesagt: Scheint diese Formulierung, bei der wir gar nicht bestreiten, dass sie etwas Wichtiges trifft, nicht arg aus der Zeit zu fallen, blass zu sein, sprachlich in einem Gewande einher zu kommen, mit dem wir Mühe haben? Da setzt genau unsere Aufgabe an. Nicht einfach auf den Zug der so genannten Säkularisierung aufzuspringen, auf ihm mitzufahren, in einer Gedankenlosigkeit, von der manche sagen, dass viele heute vergessen hätten, dass sie Gott vergessen haben. Das Bord-Restaurant dieses Zuges ist schlecht bestückt, es hält nicht lange vor, es kann sich Lebenshunger melden, und das Restaurant ist ohne Strom. Es lohnt sich, umzusteigen. Einzusteigen in die eigenen Lebenserfahrungen, in die Sinnsuche und Bilderwelt des eigenen Lebens, in der wir an das rühren können, was Paulus „leben für Gott in Christus Jesus" nennt. Das aber gelingt wohl kaum im stillen Kämmerlein, auch nicht, indem man auf der Nadelspitze seiner Individualität tanzt. Hier braucht es den sozialen Kontakt mit ähnlich Suchenden, Tastenden, Enttäuschten, nicht mit Besserwissenden und Belehrenden, sondern mit Hörenden. Denn der Glaube kommt vom Hören, sagt Paulus. Das gilt besonders auch für das aufeinander Hören, für das dialogische, ergebnisoffene Hören. Vielleicht transportiert das „Gift" säkularer Erfahrungen und das „Gift" säkularer Sprache, ja, das „Gift" säkularen Lebens mehr an Offenheit für Gott, mehr an „leben für Gott in Christus Jesus" als man sich binnenkirchlich vorstellen kann. Und zwar gerade angesichts des Satzes der Pastoralkonstitution Gaudium et spes, dass sich der Sohn Gottes „in seiner Menschwerdung gewissermaßen mit jedem Menschen vereinigt" hat

(GS 22). Wenn dieser Satz auch nur ein Körnchen Wahrheit enthält, dann spricht viel dafür, dass das Leben vor Gott, um das es Paulus ging, auch im heutigen Menschen nicht einfach erstorben ist. Vielleicht könnte uns Paulus dieses Leben heute leichter und besser erschließen als es beispielsweise der Programmatik der Neuevangelisierung gelingen will

Rede und Antwort stehen

1 Petr 3,8-17

Seid alle eines Sinnes, voll Mitgefühl und brüderlicher Liebe, seid barmherzig und demütig! Vergeltet nicht Böses mit Bösem noch Kränkung mit Kränkung! Stattdessen segnet; denn ihr seid dazu berufen, Segen zu erlangen. Es heißt nämlich: Wer das Leben liebt und gute Tage zu sehen wünscht, der bewahre seine Zunge vor Bösem und seine Lippen vor falscher Rede. Er meide das Böse und tue das Gute; er suche Frieden und jage ihm nach. Denn die Augen des Herrn blicken auf die Gerechten, und seine Ohren hören ihr Flehen; aber das Antlitz des Herrn richtet sich gegen die Bösen.
Und wer wird euch Böses zufügen, wenn ihr euch voll Eifer um das Gute bemüht? Aber auch wenn ihr um der Gerechtigkeit willen leiden müsst, seid ihr selig zu preisen. Fürchtet euch nicht vor ihnen, und lasst euch nicht erschrecken, sondern haltet in eurem Herzen Christus, den Herrn, heilig! Seid stets bereit, jedem Rede und Antwort zu stehen, der nach der Hoffnung fragt, die euch erfüllt; aber antwortet bescheiden und ehrfürchtig, denn ihr habt ein reines Gewissen. Dann werden die, die euch beschimpfen, weil ihr in der Gemeinschaft mit Christus ein rechtschaffenes Leben führt, sich wegen ihrer Verleumdungen schämen müssen. Es ist besser, für gute Taten zu leiden, wenn es Gottes Wille ist, als für böse. Denn auch Christus ist der Sünden wegen ein einziges Mal gestorben, er, der Gerechte, für die Ungerechten, um euch zu Gott hinzuführen; dem Fleisch nach wurde er getötet, dem Geist nach lebendig gemacht.

Man könnte meinen, 1 Petr 3,8-17 habe uns wenig zu sagen. Die Sätze würden sich in frommen Anmutungen an „Gutmenschen“ richten, und von solchen Sätzen haben wir eigentlich schon genug. Sie verändern nichts. Wenn wir den Text von 1 Petr 3,8-17 aber gegen unsere Hörgewohnheiten bürsten und ihn in seinen zentralen Haftpunkten erfassen, dann dürfte er uns nachdenklich machen.

Ein erster Haftpunkt liegt in der Aufforderung an die damaligen Gemeinden im Raum des nördlichen und westlichen Kleinasiens, sie sollten „segnen“ statt Böses mit Bösem und Kränkungen mit Kränkungen zu vergelten. Sie seien berufen, in der Wirklichkeit des Segens zu leben, so könnte man den Gedanken präziser formulieren, damit er nicht zu zukunftslastig erscheint, als würden sie Segen erst zukünftig erfahren und nicht schon von ihm erfüllt sein. Damit wird deutlich, dass es sich eben nicht um eine Aufforderung an „Gutmenschen“ handelt, die sozusagen aus eigener Kraft zum Segen für andere werden können. Der Segen der Gemeinden Kleinasiens beruht vielmehr auf der Annahme des Evangeliums und des Glaubens. Das macht sie zu Gesegneten. Im Evangelium sind sie mit der segensreichen Wirklichkeit Gottes in Berührung gekommen, mit Gott, der der alleinige Spender und Träger allen Segens ist.

Was der Petrusbrief hier im Stichwort des Segens entfaltet, das denkt er mit dem Psalm 34 im Begriff der „Gerechten“ weiter. Wir müssen dabei diesen Begriff wieder in seiner biblischen Semantik verstehen und dürfen ihn nicht an die Fessel unserer Semantik legen. Denn wieder meint er, ebenso wenig wie eben die Begriffe Segen und Gesegnete, nicht menschliche Leistungen, die vor Gott gerecht machen, so dass man sich gewissermaßen auf die Schulter klopfen dürfte, wie toll man sei. Gerecht werden wir durch die Annahme des Heilshandelns Gottes an uns, gerecht werden wir durch die Annahme seines Evangeliums.
Allerdings ist das nicht eine Verschlusssache für nur einige Wenige. Die durch die Annahme des Evangeliums aufgrund ihres Glaubens Gerechten stehen vielmehr als für viele heute freilich nicht mehr plausibles *Zeichen*, dass Gottes Gerechtmachung sich auf alle Menschen erstreckt.

Und noch einmal um eine Ecke erweitert der erste Petrusbrief den einen und gleichen Gedanken, indem er aus dem Psalm 34 den Begriff des Friedens aufnimmt, auch den freilich im Vollsinn der nachösterlichen Semantik. Der Auferstandene richtet in den Ostererscheinungen vor den Jüngern als erstes immer seinen Frieden an sie aus: „Friede sei mit euch!“ Das heißt etwas ganz anderes als, vertragen wir uns wieder; ich sehe euch euren Verrat, eure Schwäche nach. Schwamm drüber! Der Friedensgruß des Auferstandenen hat österlich-eschatologische Qualität! Tretet in den eschatologisch endgültigen Frieden ein, der in meinem Tod und in meiner Auferstehung von Gott her ein für allemal Wirklichkeit geworden ist. Aus dieser realen Wirklichkeit sollt ihr eure Lebenskraft und eure Lebenszuversicht beziehen. Vor ihr haben die bösen Kräfte der Welt nur noch den Charakter von Nachhutgefechten. In diesem Sinn ist wohl der Satz zu deuten: „Das Antlitz des Herrn richtet sich gegen die Bösen.“ Ihr Treiben kann dem Gang der Dinge keine entscheidende Richtung mehr geben, denn die ist bereits durch den österlich-eschatologischen Frieden Gottes entgültig festgelegt. Gott hat das Leben „gerecht“ gemacht, unserer Wirklichkeit Frieden eingepflanzt und sie zum Segen werden lassen.

Menschlich gesprochen, muss man sagen, waren diese Ausführungen des Petrusbriefes sehr mutig. Denn sie wurden hineingesprochen in eine schwierige Verfolgungssituation der Gemeinden Kleinasiens, an denen sich die heutigen Beschneidungen und Behinderungen des christlichen Lebens im Raum Kleinasiens wohl nur schwerlich messen können, auch wenn es heute immer wieder zu Überfällen, ja, sogar zu Mordanschlägen auf Christen kommt. Der Petrusbrief ist sich der Spannung seiner Worte bewusst. Deshalb hebt er am Lebenswerk Jesu hervor, dass ihn die Botschaft von der Gerechtigkeit Gottes ins Leiden führte. Jesus bezahlte sie mit dem Tod. Im Kontext von Verfolgung und Bedrohung der Gemeinden, einer Perspektive, unter der sich die ersten christlichen Gemeinden damals in fast allen geographischen Räumen wahrnahmen, kann man verstehen, warum sie an der Nachfolge Jesu sein Leiden und seinen Tod betonten. Gerechtmachung durch Gott, ohne Frage, aber nicht ohne den Preis des Leidens. Das aber brachte eine gewisse Blickverengung mit sich. Damit traten Jesu Verkündigung und sein öffentliches vorösterliches Wirken gewissermaßen in den Hintergrund. Das wirkte sich sogar bis in die Formulierung des Glaubensbekenntnisses aus. So heißt es im großen Glaubensbekenntis: „et incarnatus est de Spiritu Sancto ex Maria Virgine, et homo factus est. Crucifixus etiam pro nobis sub Pontio Pilato; passus et sepultus est. » Hier schließt sich an die Menschwerdung des Gottessohnes bruchlos und im Überspringen seines Lebens sein Leiden und sein Tod unter Pontius Pilatus an. In der Bedrängnis der Gemeinden Kleinasiens war die Hervorhebung des Leidens am

Lebenswerk Jesu verständlich. Sie bot sich als Motiv an, sich in der eigenen leidvollen Situation nicht im Glauben an die österliche Friedenswirklichkeit irremachen zu lassen. Im Gegenteil, sie sollten gewissermaßen in die Offensive gehen und denen, die nach dem Grund ihrer Hoffnung fragen, Rede und Antwort stehen. Der auferstandene Christus sei der Grund ihrer Hoffnung. Dabei sollten sie alle Besserwisserei, alles Arrogante und Überhebliche vermeiden, sondern sich in ihren Antworten bescheiden und ehrfürchtig geben.

Damit befinden wir uns nun längst schon bei uns und unseren Lebensumständen, in die hinein uns der erste Petrusbrief etwas sagen kann. Zuerst erreicht uns aus ihm der Anspruch, uns wirklich auf die Botschaft Jesu einzulassen und uns nicht mit bloß ritualisierten Formen des christlichen Lebens zufrieden zu geben. Dann aber geht es unter den heutigen Lebens- und Glaubensverhältnissen darum, anderen religiösen Gemeinschaften und Traditionen, heutzutage insbesondere den unter uns lebenden Muslimen, mit Ehrfurcht und Respekt zu begegnen, ja, mit offenem und unverstelltem Interesse. Die Aufforderung des ersten Petrusbriefes, von der Hoffnung Zeugnis zu geben, zielt nicht darauf, aus einem blickverengten falschen missionarischen Anspruch heraus andere eines Besseren zu belehren. Heute, wo uns die unter uns lebenden Muslime als Nachbarn, Berufs- und Arbeitskollegen und wie sonst auch immer nahegerückt sind - und uns gleichzeitig weiterhin so fremd sind -, heute muss uns vor allem an Wegen zueinander gelegen sein, die Fremdheit im Alltag abzubauen, um uns schließlich im Raum des gegenseitigen Vertrauens in dem zu öffnen, worin wir die Basis unseres Glaubens sehen.

So kann es auf beiden Seiten zu Vergewisserungen und zur bewussteren Übernahme des Glaubens kommen, so dass wir in der Tat in der Lage sind, jedem Rede und Antwort zu stehen, der uns nach dem Grund unserer Hoffnung fragt. Auch wenn unsere Lebensumstände heute andere sind als in den damaligen Gemeinden des nördlichen und westlichen Kleinasiens.

Ein dramatisches Mahl

Mk 14,17-26

Als es Abend wurde, kam Jesus mit den Zwölf. Während sie nun bei Tisch waren und aßen, sagte er: Amen, ich sage euch: Einer von euch wird mich verraten und ausliefern, einer von denen, die zusammen mit mir essen. Da wurden sie traurig, und einer nach dem andern fragte ihn: Doch nicht etwa ich? Er sagte zu ihnen: Einer von euch Zwölf, der mit mir aus derselben Schüssel isst. Der Menschensohn muss zwar seinen Weg gehen, wie die Schrift über ihn sagt. Doch weh dem Menschen, durch den der Menschensohn verraten wird. Für ihn wäre es besser, wenn er nie geboren wäre.

Während des Mahles nahm er das Brot und sprach den Lobpreis, dann brach er das Brot, reichte es ihnen und sagte: Nehmt, das ist mein Leib. Dann nahm er den Kelch, sprach das Dankgebet, reichte ihn den Jüngern, und sie tranken alle daraus. Und er sagte zu ihnen: Das ist mein Blut, das Blut des Bundes, das für viele vergossen wird. Amen ich sage euch: Ich werde nicht mehr von der Frucht des Weinstocks trinken bis zu dem Tag, an dem ich von neuem davon trinken werde im Reich Gottes. Nach dem Lobgesang gingen sie zum Ölberg hinaus.

Jesus versammelte sich mit den Zwölf zur Feier des Paschamahles, so wenigstens mussten die Jünger glauben. Zur Feier des Paschamahles, bei dem man nach einem festen Rituale ein Lamm verzehrte, Weinbecher die Runde machten und der Älteste an die Rettung aus Ägypten erinnerte und an den Bund, den Jahwe mit Mose geschlossen hatte (vgl. Ex 24,1-8). Sicherlich lag über der Versammlung der Zwölf, ohne sie einer vielleicht fehlgehenden psychologischen Deutung aussetzen zu wollen, eine subtile, wenn nicht sogar offene Spannung. Wie gefährdet war Jesus in diesen Tagen in Jerusalem? Bestand akute Lebensgefahr? So mochten sich die Jünger gefragt haben.

Die Feier des Paschamahles nahm ihren erwarteten Verlauf, bis Jesus eine unerwartete, nicht zum Paschamahl passende Bemerkung fallen ließ, die alle wie ein Blitz traf. Einer von ihnen werde ihn verraten. Das konnte nur heißen, Jesus den Behörden auszuliefern, die ihm schon lange nach dem Leben trachteten. Einer von den Jüngern! Das war ein Schock, der sich über alle legte. Wir müssen uns in die Situation hineindenken. Da ist einmal die Tatsache, dass die Zwölf mit Jesus das Paschamahl begehen, die Feier des Bundes Gottes mit seinem Volk und die Rettung aus Ägypten. Und exakt in diese Feier der Versicherung und der Gewissheit in Gott fährt der schrille Ton eines bevorstehenden Verrats, sozusagen eines Hochverrats! Kein schrillerer Misston wäre vorstellbar gewesen. Nicht nur situationsbezogen im Blick auf die Feier des Paschamahles, sondern ganz generell. Denn was hieß das für die Verlässlichkeit der Jünger, die Jesus schon eine ganze Zeit begleitet hatten, die sich auf ihn eingestellt hatten, auf die er, Jesus, gewissermaßen setzte? Jetzt bricht alles wie ein Kartenhaus zusammen. Einer von euch wird mich verraten. An den Reaktionen der Zwölf wird deutlich, dass sich jeder für einen potenziellen Verräter hält: Doch nicht ich etwa?

Mit einem Mal liegt eine düstere Wolke der Erfolglosigkeit, ja, des Scheiterns über dieser Stunde, die sich noch schwerer über alle legt, indem Jesus ein scharfes Verdikt über seinen Verräter ausspricht. Jesu Nerven lagen gewissermaßen blank. Für den, der mich verrät, wäre es besser gewesen, er wäre nie geboren worden. Dieses scharfe Verdikt findet sich bei allen drei Synoptikern. Es wird freilich abgefangen durch den Hinweis, dass es so kommen musste, „nach der Schrift“. Die Mahlfeier hatte damit einen irritierend depressiven Tiefpunkt erreicht, aus dem nicht mehr herauszukommen war. Oder doch?

Jesus nimmt diese in jeder Hinsicht katastrophische Situation in großer Souveränität an. Katastrophisch nicht nur für den Verräter, auch für die anderen Jünger, und nicht zuletzt für Jesus selbst. Er nimmt die Situation an und setzt zu einer Umdeutung der Paschafeier an, die der Depression im Raum Hohn spricht, ja, sie hineinnimmt und auflöst in einer aktualisierenden Bestätigung des Bundes Gottes mit dieser Gruppe um Jesus, ja, im Grunde mit allen Menschen. Jesus nimmt das beim Paschamahl verwendete ungesäuerte Brot, spricht darüber die

Lobpreisformel des Pascharitus, reicht es allen zum Verzehr und sagt: Das ist mein Leib.

Wir wissen nicht, inwieweit die Jünger diesen Gestus in diesem Moment begriffen. Aber sie ahnten wohl, dass sich Jesus in Person in dem Moment mit den Zeichen des Paschamahles, mit Brot und Paschalamm, identifizierte, ja, diese Zeichen in sich „verkörperte". Sein Leib, sein Leben wurde zum präsenten Ausdruck des präsenten Bundes Gottes. Sein Leib, sein Leben, seine Person. An der Stelle ist nicht vom „hingegebenen" Leib die Rede, nicht vom „für euch hingegebenen" Leib, sondern von Jesu Person als „Sakrament" des Bundes Gottes mit den Menschen. Und er reicht den Becher nach, den sie trinken, und während sie trinken, reicht er die Deutung nach: Mein Blut des Bundes, das für viele vergossen wird.

Damit war Jesus ganz auf der Spur der Tradition des Bundesschlusses Jahwes mit Mose. Nach Ex 24,1-8 hatte man beim Bundesschluss junge Stiere geschlachtet, Mose hatte die Hälfte des Blutes in eine Schale gegossen, mit der anderen Hälfte den Altar besprengt, um dann mit dem Blut aus der Schale das Volk zu besprengen, mit den Worten: Das ist das Blut des Bundes, den der Herr mit euch geschlossen hat. Dies war den Jüngern vertraut, sie verstanden wohl sofort, was Jesu Geste besagte. Was sich im Brotritus angedeutet hatte, in der Kelchgeste musste es ihnen klar geworden sein: Jesus verstand sich als neues Blutopfer, verstand sich als das Blut des Bundes.

Das mag uns, so sehr wir uns an den Begriff „Blut des Bundes" gewöhnt haben, auf eine falsche gedankliche Fährte bringen. Wir könnten heraushören, Jesus habe am Kreuz sterben müssen, sein Blut vergießen müssen, weil Gott, der Vater, gewissermaßen auf dem Blutopfer bestanden habe. Und darauf deuteten dann seine aus der Paschafeier übernommenen und abgewandelten Kelchworte. Dann allerdings leisteten wir uns die schlimmste aller denkbaren Missdeutungen. Jesus starb nicht, weil Gott, der Vater, es so wollte. Jesus blutete am Kreuz nicht aus, weil Gott, sein Vater, ein blutrünstiger Gott war. Jesus ging seinen Weg in einen Tod, den ihm *seine Gegner, seine Feinde* bereitet hatten. Er widerrief nicht angesichts der Todesgefahr, um sein Leben zu retten, indem er erklärt hätte, er habe sich geirrt, an seiner Rede vom Reich Gottes, an seiner Rede vom nahen und lieben Vatergott, an seinem Vaterunser-Gebet sei nichts Wahres dran. Er ging in den Tod. Und Gott, der Vater, war es, der die menschenverachtende Hinrichtung in die Auferstehung, in das Leben wendete. Gott machte aus dem Schlimmsten, das Jesus zustoßen konnte, aus seinem entehrenden Sterben am Kreuz, in völliger Nacktheit, die uns unsere Kreuzesdarstellungen nicht zumuten, Gott machte daraus das Symbol, das Sakrament seiner Nähe, seiner Verlässlichkeit, das Symbol einer Zukunft, auf die sich die Welt, auf die sich die Menschheit zu bewegt. Jesus werde von der Frucht des Weinstocks, aus dem Kelch seines Blutes, nicht mehr trinken bis zur Vollendung des Reiches Gottes.

Die Feier des Paschamahles, die so bedrückend begann mit dem Hinweis auf den Verrat eines seiner Jünger, endet im hellen, offenen Horizont des Reiches Gottes. Wie Jesus die Jünger zu beten gelehrt hatte: Dein Reich komme, dein Wille geschehe. Und so ziehen sie mit dem Lobpreis der Paschafeier auf den Lippen zum Ölberg hinaus. Und auch wenn ihnen in den Ereignissen der Nacht und des nächsten Tages der Lobpreis auf den Lippen erstarrt, auch wenn sie alle die Orientierung verlieren – sie werden sie später wieder finden in der Erfahrung der Auferstehung des Hingerichteten, in der Erfahrung des Heiligen Geistes, der sie stärkt und ermutigt, damit sie die Botschaft des in Jesus Christus bestätigten Bundes Gottes mit den Menschen in der Welt bezeugen.

Es liegt eine unglaubliche Dramatik und zugleich eine unglaubliche Kraft über der Feier des Paschamahles Jesu mit seinen Jüngern, über dem Abendmahl, wie wir vereinfachend sagen. Die Feier zerbricht nicht an sich selbst, an ihrer inneren Dramatik, an der Schuld derer, die sich zu ihr versammelt haben. Sie gewinnt aus der Souveränität, mit der Jesus in Gott, seinem Vater, Kraft und Rückhalt findet, Kraft und Rückhalt für alle. Sie nimmt eine Entwicklung, nimmt eine Dynamik an, die auch auf unser Leben Einfluss gewinnen will und gewinnen kann. Dass wir uns der Heilswirklichkeit Gottes anvertrauen, die zuletzt das alles Bestimmende unseres Lebens ist.

Hingegeben

Lk 22,19

Und er nahm das Brot, sprach das Dankgebet, brach das Brot und reichte es ihnen mit den Worten: Das ist mein Leib, der für euch hingegeben wird. Tut dies zu meinem Gedächtnis!

In die biblischen Worte zum Abendmahl floss sehr früh der Begriff der „Hingabe" Jesu ein und bestimmte damit das Verständnis und die Deutung seines Todes. Der älteste uns überlieferte Text zum Abendmahl im ersten Korintherbrief lautet so: „Jesus … sprach das Dankgebet, brach das Brot und sagte: Das ist mein Leib *für euch*" (1 Kor 11,24). Beim Kelchwort fehlt das „für uns vergossen". „Ebenso nahm er nach dem Mahl den Kelch und sprach: Dieser Kelch ist der Neue Bund in meinem Blut" (1 Kor 11,25). Im Lukasevangelium lauten die entsprechenden Sätze: „Und er (Jesus) nahm das Brot, sprach das Dankgebet, brach das Brot und reichte es ihnen mit den Worten: Das ist mein Leib, der *für euch hingegeben wird.* Tut dies zu meinem Gedächtnis. Ebenso nahm er nach dem Mahl den Kelch und sagte: Dieser Kelch ist der Neue Bund in meinem Blute, das *für euch vergossen wird*" (Lk 22,19-20).

In welche Richtung werden unsere Gedanken durch dieses „für euch" geleitet? Vor wem leistete Jesus die Hingabe seines Lebens am Kreuz? Wer erwartete die qualvolle Hingabe seines viel zu jungen Lebens? War es Gott, der Vater, der dieses Opfer erwartete? Der es gar gewollt hat, dass sein Sohn *für uns hingegeben* werde? Wenn wir uns auch nur für einen Augenblick diesem Gedanken überließen, müsste uns klar werden, dass wir dabei auf dem Holzweg sind. So kann es nicht gewesen sein. Und in unserer Abwehr dieses Gedankens hätten wir Jesus auf unserer Seite. Denn es fällt auf, dass Jesu erste, zweite und dritte Leidensankündigung, die uns bei den Synoptikern begegnen (vgl. Mt 16,21; 17,22-23; 20,17-19; Mk 8,31; 9,31; 10,32-34; Lk 9,22; 9,44; 18,31-33) stereotyp ohne eine Deutung seines Leidens und seines Todes, ohne das „für uns" auskommen. Eine Deutung kam ihm nicht in den Sinn. Stellvertretend für alle Leidensankündigungen sei die dritte Ankündigung nach Matthäus zitiert: „Als Jesus nach Jerusalem hinaufzog, nahm er unterwegs die Zwölf beiseite und sagte zu ihnen: Wir gehen jetzt nach Jerusalem hinauf, dort wird der Menschensohn den Hohenpriestern und Schriftgelehrten ausgeliefert; sie werden ihn zum Tod verurteilen und den Heiden übergeben, damit er verspottet, gegeißelt und gekreuzigt wird; aber am dritten Tag wird er auferstehen“ (Mt 20,17-19).

Hier fehlt das „für euch“. Woher also kommt es? Handelt es sich um eine sehr früh einsetzende nachjesuanische bzw. nachösterliche Interpretation seines Todes? Die Evangelien weisen uns den Weg zur Antwort. Dazu müssen wir beim Abendmahl bleiben. Die Streitfrage, ob es sich bei Jesu Abendmahl um ein *Paschamahl* (wie nach Mt 26,17; Mk 14,12; Lk 22 15) oder um ein *Abschiedsmahl* (wie nach Joh 12,2) handelte, ist hier nicht von Belang. Das Johannesevangelium legte sich fest: *Vor* dem Paschafest (Joh 13,1) fand *ein* Mahl statt (Joh 13,2). Feststehen dürfte, dass die unmittelbare Nähe des Termins des jüdischen Paschamahles auch nach dem Johannesevangelium den Charakter des Abschiedsmahles prägte. Jesus wusste, dass sein Leben verwirkt war. Da rückte er in der Abschiedsfeier den Grundgedanken des Paschafestes, dass sich Gott in seinem Bund in absoluter Verlässlichkeit an sein Volk gebunden hatte, in den Mittelpunkt und bezog ihn auf sich selbst in der Stunde seiner unmittelbaren Todesgefahr. Er feierte mit den Jüngern ein Abschiedsmahl als Bundesmahl, in der Gewissheit, was immer auf ihn in den nächsten Stunden zukomme, er könne sich in die Verlässlichkeit Gottes, seines Vaters, fallen lassen. Daran konnte den Zwölf aufgehen, wie entschieden Jesus auf Gottes „für ihn“ bzw. auf Gottes „für uns“ setzte.

Indem Jesus die Kraft hatte, in das Unabwendbare einzuwilligen, eher sein Leben zu opfern als zu widerrufen, als sich selbst untreu zu werden, indem er hätte sagen können, er habe sich mit seiner Botschaft geirrt. Die Hohenpriester und Schriftgelehrten hätten mit ihrer Lehre und mit ihren religiösen Auffassungen vollkommen Recht – indem sich Jesus treu blieb, gab er sich hin *für uns*. Und zwar in eben dem Sinn, dass er ein todesbereiter Beweis und ein existentielles Zeugnis dafür war, dass Gott *für uns ist*, auch wenn nach menschlichen Maßstäben alles in einer Katastrophe endet und den Bach hinunter geht. Und Gottes *für uns* bestätigte sich und erwies sich in seiner letzten Verbindlichkeit ein für alle Mal in der Auferstehung Jesu. Jesus starb *für uns*, weil sich in seinem Tod und in seiner Auferstehung Gottes absolute Verlässlichkeit und Nähe *für uns* herausstellte.

Diesem komplexen *Für uns* versuchen sich neue Lieder zu nähern, zum Beispiel das Lied Nr. 98 aus dem Evangelischen Gesangbuch. Es bedient sich der Bilder und Metaphern, um den Glauben an die Auferstehung Jesu in Worte zu fassen.

Korn, das in die Erde, in den Tod versinkt,
Keim, der aus dem Acker in den Morgen dringt ...
Das, was wie Tod aussieht, das in die Erde gesäte Korn, ist Keim zu neuem Leben. Darin schwingt das *für uns* mit, das sich Hingeben für andere und anderes.

Liebe lebt auf, die längst erstorben schien.
Liebe wächst wie Weizen, und ihr Halm ist grün ...
Vom Korn kann man natürlich nicht sagen, dass da Liebe im Spiel sei. Es ist ein Bild. Ein Bild der Liebe Jesu zu uns, der sich nicht schonte, der ein unerschütterliches Zeugnis seines Vertrauens in Gott, seinen Vater, gab. *Für uns*. Das sterbende Korn ist dann auch ein Bild unserer eigenen Erfahrungen. Dass Liebe, die durch manche Passion, durch manche Enttäuschung und Erschütterung gehen kann, sich wieder finden kann wie Weizen auf seinem Halm.

Über Gottes Liebe brach die Welt den Stab ...
Damals brach man über Jesus den Stab, und das „im Namen Gottes“. Den Umbau des Gottesbildes, den Jesus brachte, hielt das religiöse Establishment für sakrilegisch, gotteslästerlich und todeswürdig. In dieser Liedzeile klingt aber auch an, dass die Welt heute mit Gott nicht viel anfangen kann, und mit seiner Liebe vielleicht schon gar nicht. Und noch etwas klingt in dieser Liedzeile an: Dass möglicherweise auch das System Kirche, hart gesagt, über Gottes Liebe den Stab gebrochen hat, indem es es nicht durchhielt und durchhält, Gottes unbedingte und bedingungslose Liebe zu den Menschen zu bezeugen.

Es diese Liebe Gottes gewissermaßen an ihr System zu binden versucht und nicht damit ernst macht, dass Gottes Geist weht, wo er will.

Im Gestein verloren Gottes Samenkorn,
unser Herz gefangen in Gestrüpp und Dorn …
Diese letzten Zeilen stellen eine kritische Anfrage an uns: Geht Gottes *für uns* an uns vorbei? Trifft es unser Leben nicht mehr? Hat es es noch nie getroffen? Oder blieb es lediglich von uns unbemerkt, im Gestrüpp und den Dornen des Lebens?

Glaubensvorbild

Joh 19,25-27

Bei dem Kreuz Jesu standen seine Mutter und die Schwester seiner Mutter, Maria, die Frau des Klopas, und Maria von Magdala. Als Jesus seine Mutter sah und bei ihr den Jünger, den er liebte, sagte er zu seiner Mutter: Frau, siehe, dein Sohn! Dann sagte er zu dem Jünger: Siehe, deine Mutter! Und von jener Stunde an nahm sie der Jünger zu sich.

Es wird meist übersehen: Allein im Johannesevangelium steht auch Maria, die Mutter Jesu, unter dem Kreuz, in keinem der anderen kanonischen Evangelien, nicht bei Matthäus, nicht bei Markus, nicht bei Lukas. Ist das nur ein beiläufiges Abweichen bei Johannes, oder steckt da mehr dahinter? Führen vielleicht die wenigen von Jesus am Kreuz zu Maria und dem Jünger, den er liebte, gesprochenen Sätze zu einer Antwort? Vordergründig könnte man meinen, der sterbende Jesus mache sich Sorgen um die Zukunft seiner Mutter, die er in seinem Tod zurücklasse. Frau, siehe, dein Sohn! Sollte das ihren Schmerz lindern, ihren so qualvoll leidenden Sohn zu verlieren? Indem er den Jünger, den er liebte, in ein Adoptivverhältnis einsetzt? Und deshalb die Aufforderung auch an den Jünger: Siehe, deine Mutter? Gedanken in dieser Richtung greifen zu kurz, obwohl es tatsächlich heißt: Der Jünger nahm sie zu sich. Und nicht, wie die Stelle meist gelesen wird: die Mutter nahm den Jünger zu sich. Worauf zielen die Sätze?

Um darauf eine Antwort zu bekommen, muss man noch einmal realisieren, dass allein im Johannesevangelium Maria unter dem Kreuz Jesu steht. Das Lukasevangelium spricht lediglich allgemein von „Frauen“, das Markusevangelium nennt - und zwar in dieser Reihenfolge - Maria aus Magdala, Maria, die Mutter von Jakobus und Joses, und eine Frau namens Salome. Das Matthäusevangelium nennt Maria aus Magdala, Maria, die Mutter des Jakobus und Josef, und die Mutter der Söhne des Zebedäus. In diesen Evangelien ist also kein Platz für Maria, die Mutter Jesu. Warum ist das im Johannesevangelium anders?

In seinen Worten an Maria unter dem Kreuz wendet sich Jesus im Johannesevangelium ein zweites Mal an seine Mutter. Das erste und bis dahin einzige Mal geschieht das bei der Hochzeit zu Kana (vgl. Joh 2,1-12), als Maria ihren Sohn auf die peinliche Situation aufmerksam macht, dass der Wein zur Neige geht. Eine peinliche Situation in der Tat, wenn man bedenkt, dass sich Hochzeitsfeiern nach den damaligen jüdischen Gepflogenheiten bis zu einer Woche hinziehen konnten. Und das sollte ohne Wein gehen? Niemals. Jesu Antwort ist bekannt, sie wird als schwierig empfunden, wie immer man den griechischen Text ins Deutsche übersetzen mag. Die Einheitsübersetzung sagt: „Was willst du von mir, Frau? Meine Stunde ist noch nicht gekommen." Der Form nach eine ziemliche Brüskierung, ja, geradezu eine besserwisserische Zurückweisung. Doch dann scheint Jesus dem Hinweis Marias zu folgen. Er setzt eine Tat. Nur, welche? Etwa die, dass er sich in einem berauschend üppigen Weinwunder begeistert feiern lässt? Solche Phantasien mögen uns durch den Kopf gehen, und vielleicht wären wir dann gern dabei gewesen. Das Johannesevangelium hat ein anderes Interesse. Jesus *offenbarte* seine Herrlichkeit, heißt es, und seine Jünger *glaubten an ihn*. Die Schilderung läuft darauf hinaus, dass sich in den Jüngern ein noch weithin ungeformter Glaube an Jesus zu formen beginnt. Um den Glauben an Jesus und seine Sendung also geht es, nicht um die Einladung zu einem ausufernden Besäufnis.

Das Stichwort „glauben" erlaubt nun den Brückenschlag von der Hochzeit zu Kana zu Johannes 19,25-27, auch wenn der Begriff „glauben" hier nicht ausdrücklich vorkommt. Die Szene unter dem Kreuz ist im Johannesevangelium so angelegt, dass hier nur Personen stehen, die im Glauben und in der Liebe zu Jesus fest verwurzelt sind. Von Maria von Magdala galt das allemal, denn Jesus hatte sie von schwerer Krankheit geheilt (vgl. Lk 8,2), so dass sie ihm emotional ein Leben lang tief verbunden blieb. Dass eine ausufernde Phantasie ihr Leben zu dem einer Sünderin verfälschte, ist eine Hypothek, die auf der späteren bibelfernen Frömmigkeitsgeschichte lastet. Im Glauben fest verwurzelt war ebenso der Jünger, den Jesus liebte. Eine Person, die Jesus näher stand als jede andere Person aus dem Kreis der Zwölf, zu denen sie sicher nicht zählte. Sie schien in ungebrochener und lauterer Weise ihr Leben mit Jesus verbunden zu haben, in geradezu vollendeter Form, sofern man so etwas überhaupt von einem Menschen sagen kann. Der Jünger, den Jesus liebte, war zum Inbegriff des Glaubens geworden. Er war wie kein anderer fähig, Jesus zu verstehen, ihm zu folgen, an ihn zu glauben, und zwar auf der Basis der Erfahrung, von Jesus geliebt zu werden.

Herausragende Glaubensrepräsentanten umstehen also nach Johannes 19 das Kreuz Jesu, und zwei von ihnen werden in besonderer Weise hervorgehoben: Maria, die Mutter Jesu, und der Jünger, den Jesus liebte. Sie erscheinen als ungebrochene Träger des Glaubens, im Angesicht des Todes Jesu und über seinen Tod hinaus. Dafür taugten die Zwölf nicht. Der eine hatte Jesus verraten, der andere, Simon Petrus, hatte den Herrn verleugnet. Stiften gegangen, um die eigene Haut zu retten, waren sie alle. So bleiben unter dem Kreuz Maria, die Mutter Jesu, und der Jünger, den Jesus liebte. Und zwar nicht als Figuren, die Jesus tröstend zur Seite standen. Sie stehen unter dem Kreuz als Symbolgestalten des Glaubens.

Aber das ist noch nicht alles. Genau besehen wird an dem Wort Jesu an Maria und den Jünger ein Bewertungsunterschied erkennbar: In den Worten, siehe, dein Sohn und, siehe deine Mutter, schwingt eine Differenz mit, die nicht übersehen werden darf. Das wird schon daran deutlich, dass nicht Maria den Jünger, sondern der Jünger Maria zu sich nimmt. Man muss das wohl so deuten: Der Jünger nimmt Maria, die Mutter Jesu, in *seinen Lebens- und Glaubenraum* herein. Darauf liegen der Ton und die Aussageabsicht des Johannesevangeliums. Der Jünger steht hier, noch mehr als Maria, für uns vielleicht ungewohnt genug, als Repräsentant und Inbegriff des gläubigen Menschen. Des gläubigen, suchenden und fragenden Menschen aller denkbaren kulturellen und geographischen Räume christlichen Glaubens in allen Konfessionen.

Und Maria? Wofür steht sie? Sie steht im Johannesevangelium als Repräsentantin des Glaubens nicht über dem Jünger. Sie steht damit auch nicht über den Glaubenden von heute. Das will das Wort Jesu an seine Mutter sagen: Frau, siehe, dein Sohn! E*r* nahm sie zu sich. Wir ermessen die Rolle Mariens als Frau des Glaubens dann richtig, wenn wir Maria *in* die Gemeinschaft der Glaubenden integriert sehen. Wir dürfen sie nicht losgelöst von der Gemeinschaft der Glaubenden, über ihnen stehend, verorten. Die Frau der Geheimen Offenbarung, die die Kirche auf Maria deutet, hat zwar Sonne und Mond, aber nicht die Gemeinschaft der Glaubenden zu ihren Füßen. Maria ist „Mutter der Kirche" in der Gemeinschaft der Glaubenden und in der Einheit mit den im Glauben Suchenden und Fragenden. Ihr bei dem Jünger sein bildet die Voraussetzung ihres Mutterseins.

Maria nimmt eine wichtige Rolle im Glaubensleben des Gottesvolkes ein. Aber das bedeutet nicht, dass ihre Rolle in allen christlichen Konfessionen in gleichem Maß zum Ausdruck kommen muss. Wichtiger ist dem Johannesevangelium unsere Orientierung an dem Jünger, den Jesus liebte, das heißt, unsere Orientierung an der Glaubensgemeinschaft, der wir angehören.

Mahl der Freiheit
Luthers fünfte Invokavit-Predigt

Es hat sich längst herumgesprochen: Martin Luther liebte eine klare Sprache, eine Sprache ohne Umschweife, die auf heutige Hörer oder Leser bisweilen wie eine kalte Dusche wirken kann. Das könnte auch auf seine im Rahmen der so genannten Invokavitpredigten 1522 in Wittenberg gehaltene fünfte Predigt zutreffen. Auf den ersten Blick scheint diese Predigt heute weder für die Kirchen aus der Reformation noch für Katholiken von besonderem Interesse. Luther handelt in ihr von der Frage, ob man beim Empfang des Abendmahls den Leib Christi mit den Händen berühren dürfe oder nicht und was vom Empfang des Abendmahls unter beiderlei Gestalt, von Brot und Wein, zu halten sei. Dabei ging es Luther nicht um liturgisch-rubrizistische Fragen, was für die Gläubigen Wittenbergs erlaubt sei und was nicht. Luther legte den Akzent vielmehr auf das Wort Gottes, darauf, das Wort Gottes bei sich ankommen zu lassen als ein Wort und eine Botschaft, die in Freiheit setzt und Leben bringt, weil es als Wort Gottes Lebensfülle, Gottesnähe und Freiheit biete.

Wer sich in diesem Wissen und in dieser Überzeugung dem Wort Gottes öffne - und das sollten nach Luthers Mahnung alle Gläubigen Wittenbergs tun -, zu dem passe nicht, sich über Modalitäten der Abendmahlsfeier zu streiten und sich in beckmesserischer Kleinkrämerei über die Ordnung der Abendmahlsfeier die Köpfe einzuschlagen. Wer so agiere, der habe nicht begriffen, dass es im Abendmahl um die Begegnung mit dem befreienden Gott gehe. In Wittenberg hatte sich die Praxis durchgesetzt, dass man beim Empfang des Abendmahls den Leib Christi ausschließlich in die Hände gelegt bekam. Nicht diese Tatsache war es, die Luther, um seine Sprachkraft hier versuchsweise nachzuahmen, „auf die Palme brachte“. Dazu war er ein viel zu gebildeter Theologe, um nicht zu wissen, dass schon Cyrill von Jerusalem im 4. Jahrhundert in der fünften seiner so genannten mystagogischen Katechesen die Praxis des Abendmahlsempfangs kannte. Er hatte geschrieben: „Mache die Linke zum Thron für die Rechte, die den König empfangen soll. Mache die Hand hohl, empfange so den Leib Christi und sage ‚Amen’ dazu.“

Was Luther erregte, war die Tatsache, dass Wittenberg daraus eine Zwangsvorschrift gemacht hatte, die sich nach Luthers Meinung nicht mit der Freiheit vertrug, die Gott in seinem Wort geschenkt hatte. Damit verknüpfte Luther den paulinischen Gedanken der Rücksichtnahme auf im Glauben Schwächere (vgl. Röm 14,1-23). Bei Paulus war es um die Frage gegangen, ob es Christen erlaubt sei, Götzenopferfleisch zu essen, worin Paulus kein Problem gesehen hatte. Denn die Christen würden es nicht „als Götzenopferfleisch", sondern als normales Fleisch verzehren. Doch konnte es sein, und so war es in der Tat, dass ängstliche Gemüter darin einen Verstoß sahen, weil sie zu dieser gedanklichen Unterscheidung nicht in der Lage waren. Sie nahmen Anstoß. Analoges traf nach Luthers Urteil auf Wittenberg zu. Mit Rücksicht auf die, die an der Wittenberger Abendmahlspraxis Anstoß nahmen - und das müssen viele gewesen sein; „die ganze Welt ärgert sich daran", sagt Luther in dieser Predigt -, mit Rücksicht auf die also sollten die Wittenberger ihre Abendmahlspraxis überdenken.

Damit war Luther nicht einfach bei einer bloßen Nützlichkeitserwägung angekommen, sondern er hatte auf der Basis der Freiheit argumentiert, die durch Gott geschenkt wurde und die ihre Grenze allein in der Rücksichtnahme auf andere finde. „Deshalb", so schließt Luther seinen Gedankengang, „lasst davon ab (sc. von der Zwangspraxis, das Abendmahl mit den Händen zu empfangen), das bitte ich euch." Es fällt auf, dass Luther mit seiner Betroffenheit, ja mit seiner Enttäuschung über die Wittenberger Praxis dabei nicht hinter dem Berg hält. Er äußert sie so deutlich, dass man den Eindruck hat, seine persönliche Betroffenheit wiege beinahe schwerer als sein Verweis auf die im Wort Gottes den Wittenbergern gewährte Freiheit.

Im Weiteren wendet sich Luther der Praxis des Empfangs des Abendmahls unter beiderlei Gestalt zu. Und wieder geht es ihm nicht um die Praxis als solche, sondern um den Zwangscharakter, den diese Praxis in Wittenberg angenommen hatte. „Ich hörte es gerne, als es mir geschrieben wurde, dass einige hier angefangen hätten, das Sakrament in beiderlei Gestalt zu nehmen." Dann aber kommentiert er diese Praxis so: „Bei dem Brauch hättet ihr's bleiben lassen sollen und nicht zu einer Ordnung gezwungen haben." Luther schien zu befürchten, dass diese erzwungene Praxis des Empfangs unter beiderlei Gestalt die Aufmerksamkeit der Empfänger mehr auf die Materie als auf das Wesen des Abendmahls lenkt. Als sei mit dem „materiellen“ Zugewinn - im Empfang von Brot *und* Wein - ein geistlicher Zugewinn verbunden. Er befürchtete im Gegenteil, dass mit dem Interesse am materiellen Zugewinn der geistliche Gewinn abnehme. Nur so muss man sein deftiges, unsere heutigen Ohren strapazierendes Bild deuten, dass, so gesehen, auch eine Sau ein Christ sein könne, da sie mit ihrem großen Rüssel ja auch das Sakrament äußerlich aufnehmen könne. Wieder also stößt sich Luther am Zwangscharakter dieser Praxis, die dem Wesen der Feier eher schade als nütze.

Was kann man heute aus der Fragestellung dieser fünften Invokavitpredigt Luthers heraushören? Man könnte fürs Erste auf den Gedanken kommen, ihr Grundanliegen, aus der im Wort Gottes dem Menschen geschenkten Freiheit zu leben, begegne heute eher in der Form, dass Menschen ihr Leben in Freiheit *vom* Wort Gottes gestalten. Wobei man sich hier aller vorschnellen Beurteilung enthalten muss, denn Menschen können nach Gott „in Schatten und Bildern“ suchen, in denen ihnen Gott in der Tat außerhalb des Systems der Kirchen begegnet bzw. begegnen kann. Manchmal ist das „System“ Kirche zu wenig der Ort der Freiheit, die Gott geschenkt hat. Die Kirchen sollten glaubwürdiger zu Vermittlerinnen der Freiheit Gottes werden. Zu Vermittlerinnen der Erfahrung, dass die Botschaft des Evangeliums nicht eine das Leben beengende und den Lebenswert mindernde Botschaft ist. Nur, wie kann das gelingen? Dass die Botschaft der Bibel nicht als abstrakte, lebensferne, in fromme Tücher eingeschlagene bloße Theorie erscheint, die am Sonntag, für immer weniger, zum Gegenstand frommer Anmutung wird? Es geht wohl darum, dass die Individuen lernen und es sich zutrauen, ihre eigenen Lebensorte und Lebenserfahrungen aufzusuchen, sie danach abzusuchen, ob ihr Leben in bestimmten Zusammenhängen und Ereignissen, auch Widerfahrnissen, nicht in Tiefen hinabreichte und hinabreicht, in denen sie ihr Leben nicht mehr selbst in der Hand haben oder hatten. Wo sie in ihrer Biographie an Punkte rühren, die der Glaube mit dem Wort „Gott“ und mit seinem Wirken benennt. Vielleicht nehmen manche aus ihrem Leben Gottesspuren wahr, die sie dabei nicht in herkömmliche Kirchensprache fassen müssen, die aber gerade so ein Hinweis darauf sein können, dass Gott auch in einem vermeintlich „gottfernen“ Leben heilend und Freiheit schenkend zu Gange ist. Und in dem Maß, in dem solche Spuren wahrgenommen und vergewissert werden, könnte mit der Zeit sogar ein wiederentdecktes oder neues Interesse an dem entstehen, wovon Luther in seiner fünften Invokavitpredigt handelte: an der Feier des Abendmahls.

Unterstellte Motive

Gen 18,20-21.22b-33

Der Herr sprach also: Das Klagegeschrei über Sodom und Gomorra, ja, das ist laut geworden, und ihre Sünde, ja, die ist schwer. Ich will hinabgehen und sehen, ob ihr Tun wirklich dem Klagegeschrei entspricht, das zu mir gedrungen ist. Ich will es wissen. Abraham aber stand noch immer vor dem Herrn. Er trat näher und sagte: Willst du auch den Gerechten mit den Ruchlosen wegraffen? Vielleicht gibt es fünfzig Gerechte in der Stadt: Willst du auch sie wegraffen und nicht doch dem Ort vergeben wegen der fünfzig Gerechten dort? Das kannst du doch nicht tun, die Gerechten zusammen mit den Ruchlosen umbringen. Dann ginge es ja dem Gerechten genauso wie dem Ruchlosen. Das kannst du doch nicht tun. Sollte sich der Richter über die ganze Erde nicht an das Recht halten? Da sprach der Herr: Wenn ich in Sodom, in der Stadt, fünfzig Gerechte finde, werde ich ihretwegen dem ganzen Ort vergeben. Abraham antwortete und sprach: Ich habe es nun einmal unternommen, mit meinem Herrn zu reden, obwohl ich Staub und Asche bin. Vielleicht fehlen an den fünfzig Gerechten fünf. Wirst du wegen der fünf die ganze Stadt vernichten? Nein, sagte er, ich werde sie nicht vernichten, wenn ich dort fünfundvierzig finde. Er fuhr fort, zu ihm zu reden: Vielleicht finden sich dort nur vierzig. Da sprach er: Ich werde es der vierzig wegen nicht tun. Und weiter sagte er: Mein Herr zürne nicht, wenn ich weiterrede. Vielleicht finden sich dort nur dreißig. Er entgegnete: Ich werde es nicht tun, wenn ich dort dreißig finde. Darauf sagte er: Ich habe es nun einmal unternommen, mit meinem Herrn zu reden. Vielleicht finden sich dort nur zwanzig. Er antwortete: Ich werde sie um der zwanzig willen nicht vernichten. Und nochmals sagte er: Mein Herr zürne nicht, wenn ich nur noch einmal das Wort ergreife. Vielleicht finden sich dort nur zehn. Und wiederum sprach er: Ich werde sie um der zehn willen nicht vernichten. Nachdem der Herr das Gespräch mit Abraham beendet hatte, ging er weg, und Abraham kehrte heim.

Bei der ersten flüchtigen Bekanntschaft mit dieser Erzählung könnte man sich in der Meinung bestätigt sehen: Man habe es ja immer schon gewusst, Gott meine es nicht sonderlich gut mit uns Menschen. Wo sein Zorn auftreffe, da wachse gewissermaßen kein Gras mehr. Bloß gut, dass sich Abraham alle Mühe gegeben habe, Gott vom Schlimmsten abzuhalten. Nach diesem Eindruck wäre Abraham sozusagen „in", Gott aber „out", wenn nicht „mega out".

Eine solche Einschätzung würde anzeigen, dass wir mit Gott gewissermaßen Schwierigkeiten haben. Wenn es nicht gar so ist, dass wir von ihm ohnehin nicht mehr viel erwarten. Religionssoziologen sprechen heute davon, dass nicht wenige Menschen vergessen hätten, dass sie Gott vergessen haben. Und selbst wer sich (noch) nicht zur Kategorie der Gottvergesslichen zählt, könnte sich durch die Abrahamerzählung darin bestärkt sehen, nicht viel aufzugeben, wenn er Gott aufgäbe. Redlicherweise müssen wir freilich sagen, dass, wäre dies unsere erste Reaktion auf diese Erzählung, wir ihr in keiner Weise gerecht würden. Vielleicht werden wir ihr gerecht, wenn wir nach dem Bedingungsgefüge und nach den Einflüssen fragen, die zu dieser Erzählung geführt haben. Und noch voraus sollten wir uns vor Augen halten, dass die Bibel, so sehr sie nach dem offiziellen Verständnis Gottes Wort enthält, „inspiriert" ist, wie die Theologie sagt, eben nicht bis hinter Punkt und Komma Gottes Wort ist. Gott hat sich in der Bibel in menschlichem Denken und menschlicher Sprache anvertraut, was nicht heißt, als sei sie nun ein menschliches Produkt wie andere Zeugnisse menschlicher Kultur. Wir sprechen von der Inspiration der Bibel, von ihrer Urheberschaft in Gott, die freilich den menschlichen Anteil bei ihrem Entstehen nicht wie in einem planetarischen „schwarzen Loch" verschlingt. Es kann nicht anders sein, als dass zeit-, gesellschafts- und kulturellbedingte Einflüsse in die biblischen Texte eingingen. Die historisch-kritische Exegese versucht an den Texten deren eigentliche Aussageintentionen herauszuarbeiten. Vieles erschließt sich dabei aus den Texten selbst. Das gilt auch von der Abrahamerzählung.

Unmittelbar unserem Text voraus geht die Ankündigung Gottes an Abraham, dass ihm (nach Ismael) ein weiterer Sohn geschenkt werde, Isaak mit Namen, mit dem Gott einen ewigen Bund schließen werde.

Einen Bund, der Generation über Generation überdauern werde. Abraham versteht sich von da an als Träger einer Verheißung, die er nicht allein auf sich und seinen verheißenen Sohn bezieht, sondern unter deren verheißungsvolles Licht er die Zukunft der ganzen Menschheit stellt. Er hat das Interesse, dass sich der Schutzschild der Bundesverheißung Gottes über alle Menschen breite, auch über die Städte Sodom und Gomorra. Das liefert einen ersten Begründungsstrang seiner Feilscherei mit Gott.

Plausibler ist ein zweiter Begründungsstrang. Die Erzählung hat Theodizeecharakter. Die Autoren der Erzählung verknüpften mit Abraham und Isaak einen alten überlieferten Erzähltopos, der sich um ein lange zurückliegendes Ereignis im Umfeld des Toten Meeres rankt. Ein Ereignis aus der Vorzeit, bei dem Städte Opfer eines unerwarteten Untergangs wurden, durch Vulkanausbrüche, tektonische Beben oder Tsunamis. Man wusste es nicht. Dieser Erzähltopos scheint in unsere Erzählung eingewoben worden zu sein, weil er ein belebendes Erzählelement darstellte, zum anderen aber vor allem deshalb, weil er die Theodizeefrage aufwarf, wie Gott, der mit Abraham und Isaak einen Bund eingeht, über die Menschheit so schlimme Katastrophen kommen lassen kann. Sie rufen nach einer Erklärung, und als Erklärung der Katastrophe von Sodom und Gomorra lag es nahe, den Grund in schwerer menschlicher Schuld zu sehen.

An dem Punkt gilt es, genau auf die Struktur der Erzählung zu achten. Nach ihr ist es nicht *Gottes* Ansinnen, Sodom und Gomorra zu vernichten, sondern es ist das von Abraham Gott *unterstellte Motiv*, das sich wie ein roter Faden durch die Erzählung zieht. Genauer gesagt, handelt es sich um ein *von den Autoren* der Erzählung Gott unterstelltes Strafsanktionsmotiv. In der Erzählung ist nicht davon die Rede, dass Gott Sodom und Gomorra vernichten wolle, sondern lediglich davon, dass er hinabgehen und sehen wolle, „ob ihr Tun wirklich dem Klagegeschrei entspricht, das zu mir gedrungen ist." Von Vernichtung ist hier nicht die Rede. Den Gedanken der Vernichtung äußert Abraham. „Willst du, Herr, mit dem Ruchlosen auch den Gerechten wegraffen?" Hier ist vom Gerechten in der Einzahl die Rede, obwohl man vom Verlauf der Feilscherei her eigentlich eine Mehrzahl von Gerechten erwarten würde. Abraham also ist es, der an Vernichtung und an

Wegraffen denkt. Wenn es fünfzig Gerechte in der Stadt gibt, nein, dann tut Gott nichts. Und so geht es die ganze Skala der Feilscherei hinunter: Nein, Gott tut nichts. Gottes Motiv geht in Richtung Vergebung, nicht in Richtung Strafsanktion. Das ist die Botschaft dieser Erzählung!

Gott ist Vergebung. Er ist als Vergebung zu identifizieren. Das aber trifft sich mit der Ansage der Verheißung seines Bundes. Damit ist die vorgeschichtliche Katastrophe des Untergangs von Städten nicht aus der Welt geschafft, aber in unserer Erzählung setzt sich angesichts menschlicher Zweifel an Gott die Aussage durch, dass er nicht von den Menschen lässt, dass auf ihn Verlass ist, auch wenn es zum Äußersten kommt. Die Theodizeefrage ist damit in der Erzählung nicht plausibel gelöst, aber die Erzählung ermutigt dazu, trotz aller Rätsel und Ungelöstheiten auf Gott zu vertrauen. Für solch kontrafaktisches Vertrauen gibt es in der Bibel ungezählte Bilder. Zum Beispiel eines beim Propheten Habakuk. „Zwar blüht der Feigenbaum nicht, an den Reben ist nichts zu ernten, der Ölbaum bringt keinen Ertrag, die Kornfelder tragen keine Frucht; im Pferch sind keine Schafe, im Stall steht kein Rind mehr. - Dennoch will ich jubeln über den Herrn und mich freuen über Gott, meinen Retter“ (Hab 3,17-18).

Damit ist zu dieser Erzählung noch nicht alles gesagt. In ihr handelt es sich auch um eine so genannte „ätiologische Erzählung“, eine Erzählung, die über wichtige Dinge und Zusammenhänge informieren will. Sie will nicht gelesen werden als Rekonstruktion geschichtlicher Abläufe. Sie will stattdessen Einsicht geben in wesentliche Erkenntnisse des Lebens. Vom vorgeschichtlichen Schicksal untergegangener Städte weg, an denen sich immer wieder die menschliche Phantasie entzündete, lenkt unsere Erzählung die Aufmerksamkeit auf die Gerechten, und mögen es nur fünfzig oder nur zehn sein. *Die Gerechten* bilden die zentrale Achse der Erzählung! Die Gerechten sind ein zentraler Begriff der Bibel. Biblisch gesehen sind jene die Gerechten, die auf den Bund Gottes, die auf Gott vertrauen, auf seine Verlässlichkeit, auf seine Liebe. Gerecht sind sie nicht aus eigener Kraft. Gerecht sind sie, wenn und weil sie sich dem Kraftfeld Gottes anvertrauen.

Ist das ein zu großes und zugleich zu blasses Wort? Sich dem Kraftfeld Gottes anzuvertrauen? Wir haben in unsere Antriebe, in unsere Traumwelt, in unsere Hoffnungen und Wünsche hineinzuhorchen, auch in die Welt unserer Beziehungen. Wo zeigen wir Ansätze von Vertrauen? Wo zeigt sich unsere Fähigkeit zu vertrauen? Wo zeigen sich unsere Blockaden? So zu fragen, lässt uns vielleicht auch auf die kleine Flamme unseres Vertrauens auf Gott aufmerksam werden. Mögen wir auch manches „Ruchlose" an uns haben, weit nachhaltiger bestimmt unser Leben das Gerecht sein vor Gott.

Gegen alle Logik

Mt 20,1-16

Mit dem Himmelreich ist es wie mit einem Gutsbesitzer, der früh am Morgen sein Haus verließ, um Arbeiter für seinen Weinberg anzuwerben. Er einigte sich mit den Arbeitern auf einen Denar für den Tag und schickte sie in seinen Weinberg. Um die dritte Stunde ging er wieder auf den Markt und sah andere dastehen, die keine Arbeit hatten. Er sagte zu ihnen: Geht auch ihr in meinen Weinberg! Ich werde euch geben, was recht ist. Und sie gingen. Um die sechste und um die neunte Stunde ging der Gutsherr wieder auf den Markt und machte es ebenso. Als er um die elfte Stunde noch einmal hinging, traf er wieder einige, die dort herumstanden. Er sagte zu ihnen: Was steht ihr hier den ganzen Tag untätig herum? Sie antworteten: Niemand hat uns angeworben. Da sagte er zu ihnen: Geht auch ihr in meinen Weinberg! Als es nun Abend geworden war, sagte der Besitzer des Weinbergs zu seinem Verwalter: Ruf die Arbeiter, und zahl ihnen den Lohn aus, angefangen bei den letzten, bis hin zu den ersten. Da kamen die Männer, die er um die elfte Stunde angeworben hatte, und jeder erhielt einen Denar. Als dann die ersten an der Reihe waren, glaubten sie, mehr zu bekommen. Aber auch sie erhielten nur einen Denar. Da begannen sie, über den Gutsherren zu murren, und sagten: Diese letzten haben nur eine Stunde gearbeitet, und du hast sie uns gleichgestellt; wir aber haben den ganzen Tag über die Last der Arbeit und der Hitze ertragen Da erwiderte er einem von ihnen: Mein Freund, dir geschieht kein Unrecht. Hast du nicht einen Denar mit mir vereinbart? Nimm dein Geld und geh! Ich will dem letzten ebensoviel geben wie dir. Darf ich mit dem, was mir gehört, nicht tun, was ich will? Oder bist du neidisch, weil ich (zu anderen) gütig bin? So werden die Letzten die Ersten sein und die Ersten die Letzten.

Auf welcher Seite liegen unsere Sympathien, wenn wir dieses Gleichnis hören? Zuerst sicher, so, wie das Ganze sich abspielt, auf der Seite des Weinbergbesitzers. Denn er zeigt unternehmerisches Engagement, er tut etwas für den Arbeitsmarkt und holt Arbeitslose von der Straße.

Dabei kümmern ihn nicht Tarifabschlüsse und gewerkschaftliche Vereinbarungen. Er hat unsere Sympathie. Dann aber wechseln die Farben. Wenn es zur Lohnauszahlung kommt. Da geht es nicht mehr mit rechten Dingen zu. Da bleibt nach unseren Maßstäben die Gerechtigkeit auf der Strecke. Und man könnte auf den Gedanken kommen, es verheiße nichts Gutes für das Reich Gottes, wenn auch dort wieder die Gerechtigkeit zu kurz komme.

Mit diesem Gedanken verfangen wir uns freilich im Gestrüpp unseres Denkens, mit dem sich die Welt des Reiches Gottes nicht deckt. Aber der Reihe nach. Der Gutsbesitzer ist ein Frühaufsteher. Morgens um sechs heuert er die ersten Arbeiter für seinen Weinberg an. Vereinbarter Tageslohn ein Denar. Drei Stunden später, gegen neun Uhr, heuert er die nächsten an. Die Vereinbarung lautet nicht mehr einen Denar, sondern er entlässt sie mit der Versicherung, er werde ihnen geben, was recht ist. Mittags um zwölf und am frühen Nachmittag gegen drei macht er es ebenso. Ja, sogar noch kurz vor Feierabend, bevor um achtzehn Uhr die Arbeit ruht, ordert er für eine einzige Stunde nochmals Arbeiter. Vom letzten abgesehen, läuft das bis dahin halbwegs nach einer für uns nachvollziehbaren Logik. Das mit der einen Stunde Arbeit hätte allerdings nicht sein müssen, mögen wir empfinden. Andererseits kennen ja auch wir das Phänomen der Kurzarbeit. Warum also nicht.

Was besagen die bisherigen Abläufe des Gleichnisses für das Reich Gottes? Denn es steht ja als Metapher für das Reich Gottes. Eigentlich nichts, bei dem wir nicht, bei einem leichtem Zögern vielleicht, mitgehen könnten. Das ändert sich. Im Bisherigen liegt also noch nicht der Konstruktionspunkt des Gleichnisses. Der liegt in dem, was folgt. Da mag uns allein schon aufstoßen, dass die, die nur eine Stunde gearbeitet haben, als erste entlohnt werden. Ungewöhnlich zumindest, könnten wir meinen. Als das die anderen sehen, rechnen sie automatisch damit, mehr zu erhalten. Mehr als ursprünglich vereinbart war. Doch es bleibt bei einem Denar. Da kommt Murren auf, und das Gleichnis findet seine Pointe in der Frage des Gutsherren an einen der Murrenden: „Kann dein Auge nicht mit ansehen, dass ich gut bin?“ Wie aber: Soll das letztlich irgendwie Ärgerliche an diesem Gleichnis ein Bild für das Reich Gottes sein?

Exakt so ist es. Da hat sich, respektlos gesagt, Jesus in seinem öffentlichen Auftreten gewissermaßen den Mund fransig geredet, wie es sich mit dem Reich Gottes verhalte, was da auf uns zukomme. Und die Leute (und wir mit hoher Wahrscheinlichkeit eingeschlossen) hatten es noch immer nicht begriffen. Es wollte und will nicht in deren und unseren Kopf, „wie gut Gott zu uns ist“ (vgl. Mt 20,15). Es will nur scher in unseren Kopf, dass das Reich Gottes ein Geschenk an uns ist, ein Geschenk wie dreimal Weihnachten, ja, noch unendlich viel mehr. Die Pointe des Gleichnisses liegt darin, dass das Reich Gottes nicht verdient werden kann, weder durch einen zwölfstündigen noch durch einen einstündigen „Arbeitstag“. Verdienstkategorien greifen zu kurz, das Reich Gottes kommt auf uns zu, es wird uns geschenkt. Darin zeigt sich Gottes Güte. Sie besteht nicht darin, dass sie unseren Begriff von den Letzten und Ersten, bzw. unser „ranking“, wie man neudeutsch sagt, auf den Kopf stellt, so dass Erste Letzte und Letzte Erste würden. Man könnte zunächst den Schlusssatz des Gleichnisses so verstehen, aber da fiele die Katze wieder auf die alten Pfoten.

Nicht darum geht es, dass Letzte Erste werden und Erste Letzte, sondern darum, sich von dieser Denkschablone zu lösen. Im Reich Gottes gilt sie nicht mehr. Da ist sie aufgehoben, da zählt sie nicht. Sie ist keine Kategorie des Reiches Gottes. „Stört es dich, weil ich gut bin?“, diese zusammenfassende Frage überstrahlt alles. Das verschlägt uns leicht den Atem. Das läuft unserem Gerechtigkeitsempfinden und unserer Logik zuwider. So könne das mit dem Reich Gottes nicht sein. Was stört uns am abgrundtiefen Gutsein Gottes? Haben wir falsche Akzente in unserem Glauben gesetzt, wenn wir überhaupt gläubig sind? Hat nicht Paulus dasselbe wie unser Gleichnis zum Ausdruck gebracht, indem er darauf verwies, für auf Christus Getaufte gebe es keinen Unterschied mehr zwischen Juden und Griechen, Sklaven und Freien, Mann und Frau. Sie seien „einer“ in Christus (Gal 3,28)? Gottes Gutsein ist die Pointe unseres Gleichnisses. Das soll in uns verfangen. Es darf in uns nicht verpuffen. Der Glaube an Gottes Güte soll zu Synergieeffekten führen, von denen dann der Jakobusbrief spricht: „Willst du (nicht) einsehen, du unvernünftiger Mensch, dass der Glaube ohne Werke nutzlos ist?“ (Jak 2,20). Ein bloß *geglaubter* Glaube an das Gutsein Gottes wäre ein Widerspruch in sich, weil er an dieses Gutsein Gottes gewissermaßen *nur abstrakt glaubend* glaubte. Wenn unser Glaube keine Synergieeffekte zeitigt, indem wir Gottes Gutsein nicht zum Fundament unser Mitmenschlichkeit (und was immer man hier nennen könnte) machen, wenn das alles ausbliebe, dann hätten wir uns nicht am Gutsein Gottes orientiert, dann hätten wir nicht an ihm existentiell angedockt, dann glaubten wir letztlich nicht.

Solange wir an der Seite der Protestierer verharren, die meinten, im Gleichnis zu kurz gekommen zu sein, so lange haben wir von Gottes Güte und von der Botschaft Jesu noch wenig begriffen. Lassen wir unsere Vorstellungen von den Ersten und Letzten hinter uns, lassen wir sie zurück. Lassen wir uns anrühren vom Gutsein Gottes. Es wird unserem Leben gut tun.

„Ich aber sage euch"

Mt 5,33-37

Ihr habt gehört, dass zu den Alten gesagt worden ist: Du sollst keinen Meineid schwören, und: Du sollst halten, was du dem Herrn geschworen hast. Ich aber sage euch: Schwört überhaupt nicht, weder beim Himmel, denn er ist Gottes Thron, noch bei der Erde, denn sie ist der Schemel für seine Füße, noch bei Jerusalem, denn es ist die Stadt des großen Königs. Auch bei deinem Haupt sollst du nicht schwören; denn du kannst kein einziges Haar weiß oder schwarz machen. Euer Ja sein ein Ja, euer Nein ein Nein; alles andere stammt vom Bösen.

Vor Jahren wurde es von der Öffentlichkeit vermerkt: Als die Bundesregierung unter Kanzler Schröder vereidigt wurde, verzichteten manche, allen voran der Bundeskanzler, auf die Eidesformel, „ich schwöre es, so wahr mir Gott helfe." Hatten sie von dem, wovon in der so genannten dritten Antithese der Bergpredigt die Rede ist, mehr verstanden als wir es gewöhnlich tun? Nämlich nicht zu schwören? Wobei sie es ja taten, nur eben ohne sich auf Gott zu beziehen. „Ich aber sage euch: Schwört überhaupt nicht." Haben sie also die Intention Jesu getroffen? Hätte man sie damals gefragt, wäre ihnen der Bezug auf die Bergpredigt wohl kaum eingefallen, eher hätte ihre Begründung lauten können, man habe zwischen öffentlichem und privatem Bereich unterscheiden wollen, und die öffentliche Eidesleistung bei der Übernahme des Kanzleramtes oder eines Ministeramtes sei nicht der Ort, um ihn mit der persönlichen Glaubenshaltung zu vermengen.

Viele Situationen im Leben sehen einen Eid vor. Sogar bis hinein in die Kirche. Vor mehr als einem Jahrzehnt sorgte in der katholischen Kirche eine neue „Treue-Eid"-Formel für nachhaltige Aufregung. Es geht offenbar im Leben nicht ohne Eidesleistungen. Wenn man das Wortfeld Eid/Schwur etwas erweitert, wird man gewahr, dass kaum einer dem Phänomen der Eidesleistung in irgendeiner Form entkommt. Wir haben nicht nur an Eidesleistungen im eigentlichen Sinn zu denken, sondern auch an verwandte Formen wie Gelöbnisse, das

Ablegen von Gelübden oder die in unserer Zeit obsolet gewordene Verlobung zweier Verliebter und zur Ehe Entschlossener. Sind diese Formen eines verpflichtenden Versprechens von Übel? Die Fragen türmen sich. Worum also geht es in Matthäus 5,33.37?

Der Text beginnt mit einer nicht unsympathischen Relativierung: Sich einfach auf Traditionen zu berufen, zu sagen, etwas sei immer schon so gewesen, man kenne es nicht anders, das scheint für Jesus nicht zu zählen. Dass etwas „zu den Alten gesagt“ wurde, das muss noch nicht viel heißen. Diese Relativierung dürfte heute auf Sympathie stoßen. Heute, wo man eigene Erfahrungen machen will. Wo man in einer Zeit vielfältiger Lebens- und Orientierungsangebote die Vielfalt testen will, wo man selbst sehen will, was sich bewährt, und was nicht. Traditionelle Orientierungen geraten in den Verdacht, rückwärts-, nicht vorwärtsgewandt zu sein. Gerade Frauen fragen sich, ob nicht in dem, was „zu den Alten gesagt“ wurde, manch männlich dominiertes Traditionsgut weitergegeben wird, in dem sie sich nur schwer wiederfinden. Blicken wir allerdings genauer auf die Bergpredigt, spricht sie mitnichten einer radikalen Absage an das, was den Vätern gesagt wurde, das Wort.

Worauf zielte Jesus eigentlich? Er richtete sich in dieser dritten Antithese, wie überhaupt in der gesamten Bergpredigt, an die „vielen Leute“ (Mt 5,1), die ihm aus allen Gegenden zugeströmt waren. Er spricht von ihrem Alltag, von der Inszenierung ihres Alltags, von ihren Beziehungen von Mensch zu Mensch, von Gruppe zu Gruppe. Hier ständig „heilige Eide“ zu schwören, das untergräbt die Glaubwürdigkeit der Kommunikation zwischen den Menschen. Als vermute man sich ständig am Abgrund der Lüge, der Unwahrheit, der Schlitzohrigkeit, des Übervorteilens und als könne man dem nur durch heilige Schwüre begegnen.

Der Warnung vor den vier Arten des Schwörens, von denen uns die Bergpredigt abhalten will, liegt immer dieselbe Begründung zugrunde. Wir sollen nicht schwören „beim Himmel, denn er ist Gottes Thron“. Das will uns bewusst machen, wer wir als Menschen sind. Wir verfügen nicht, heißt das, über den Himmel, verfügen nicht über Gott, um uns seiner in einer Eidesformel zu bemächtigen. Denn im Eid nehmen wir Gott für unsere Wahrheitsaussage in Beschlag. Das sei kein rechter Umgang mit Gott. Dem Menschen heute mag es nicht leicht in den Sinn kommen, „bei Gott“ zu schwören, sich Gottes zu bemächtigen. Stattdessen kommt ihm in den Sinn, bei dem zu schwören, was ihm „heilig ist“. Aber was drückt sich in dieser Formel aus? Sie berührt wiederum etwas, über das er nicht verfügt, etwas, was er nicht selbst geschaffen hat, etwas, über das er nicht das Sagen hat. Was dem Menschen „heilig ist“, weist in einen Wirklichkeitsbereich, über den er nicht verfügt, den er in Anspruch nimmt, den er braucht, ohne ihn sein Eigen nennen zu können. Bei ihm zu schwören, deutet also verdeckt auf die Bemächtigung der Wirklichkeit, die Jesus als „Himmel“ und „Thron Gottes“ benennt.

Wir sollen nicht schwören „bei der Erde, sie ist der Schemel seiner (Gottes) Füße“. Hier mag es im ersten Moment schwer fallen, dieser Begründung etwas abzugewinnen. Als erstes könnte sich da bei uns das Bild eines alt und schwach gewordenen, vielleicht auch gemütlichen Gott-Vaters einstellen, der seine müden Füße auf einem Fußschemel ausruht. In Wirklichkeit aber ist es ein Bild dafür, dass die Erde nicht *unsere* Erde ist, auf der wir nicht tun und lassen können, was wir wollen. Die Erde ist nicht unser. Sie ist abkünftig von ihrem Schöpfer, ist von ihm ins Dasein gerufen. Und wir müssen alle Sensibilität und Verantwortung aufbringen, um die Erde nicht in den Ruin zu treiben. Wieder also bemächtigen wir uns beim Schwören „bei der Erde“ indirekt Gottes.

Die Warnung, nicht bei Jerusalem zu schwören, dürfte uns am wenigsten sagen. Jerusalem dürfte in der Tat kaum Gegenstand unseres Schwörens sein, eher schon unserer Reiseträume und Sehnsüchte, das Heilige Land zu besuchen. Jerusalem war damals das Zentrum des Glaubens, das Zentrum des religiösen Kultes, das Zentrum der Begegnung mit Gott. Und heute ist es das Zentrum aller drei großen monotheistischen Religionen: des Judentums, des Christentums und des Islam.

Die vierte Warnung, nicht beim eigenen Haupt zu schwören, scheint gänzlich obsolet geworden zu sein. Vor allem von ihrem Wortlaut her: Nichts fällt heute leichter als sich die Haare zu färben, schwarz oder weiß (was sie im Alter von ganz allein werden), lila oder pink. Und dennoch gilt das hintergründig Gemeinte bis heute: Wir sollen nicht bei unserem Haupt schwören, weil wir richtig verstanden, auch nicht über uns verfügen. Wir haben zwar ein Verfügungsrecht über vieles *in* unserem Leben, aber nicht über unser Leben selbst. Es ist uns geschenkt, wir sind nicht aus eigenem Entschluss auf die Welt gekommen und ins Leben eingetreten. Und wir verfügen selbst dann nicht über uns, wenn wir im Suizid unsere vermeintliche Selbstverfügung unter Beweis stellen. Solche Selbstverfügung vollzieht sich immer noch nur im Rahmen unseres grundsätzlichen Verfügt seins. Wir sind offen und verwiesen auf den, der uns ins Dasein gedacht und gerufen hat. Also bei unserem Haupt zu schwören, tangiert wieder den Wirklichkeitsbereich, über den wir nicht verfügen: Gott.

Seht also zu, dass ihr euren Alltag so gestaltet und handhabt, dass euer Ja ein Ja und euer Nein ein Nein sei. Darauf läuft die dritte Antithese hinaus. Jesus lässt eine Einladung ergehen, kein Gesetz. Er gibt eine Empfehlung, das Leben aufrichtiger, geradliniger und lebensfreundlicher zu gestalten. Und dabei geht es ihm im Grunde nicht um ein strenges Verbot des Schwörens, wie man an einer Drohrede gegen Schriftgelehrte erkennen kann, in der Jesus deren spitzfindige Unterscheidungen zurückweist, was als ein Eid zu gelten habe, und was nicht. In dem Zusammenhang sagt Jesus: „Wer beim Tempel schwört, der schwört bei ihm und bei dem, der darin wohnt. Und wer beim Himmel schwört, der schwört beim Thron Gottes und bei dem, der darauf sitzt“ (Mt 23, 21-22).

Euer Ja sei ein Ja, euer Nein ein Nein, das könnte schließlich aus einer ganz anderen Ecke missverstanden werden: Als sollten wir daraus die Aufforderung heraushören, geradezu wie in der digitalisierten Computersprache nur noch über die Signale „ja“ und „nein“ miteinander zu verkehren. Oder wie auf dem Kasernenhof uns über zackige Kommandos zu verständigen. Nein, gemeint ist, miteinander wahr, aufrichtig, stimmig, ohne Falsch, ohne Hintergedanken umzugehen. Etwas, was wir nie ganz einlösen werden, aber an dem wir uns immer wieder ausrichten sollen.

Am größten die Liebe

1 Kor 13,1-13

Wenn ich in den Sprachen der Menschen und Engel redete, hätte aber die Liebe nicht, wäre ich dröhnendes Erz oder eine lärmende Pauke. Und wenn ich prophetisch reden könnte und alle Geheimnisse wüsste und alle Erkenntnis hätte; wenn ich alle Glaubenskraft besäße und Berge damit versetzen könnte, hätte aber die Liebe nicht, wäre ich nichts. Und wenn ich meine ganze Habe verschenkte, und wenn ich meinen Leib dem Feuer übergäbe, hätte aber die Liebe nicht, nützte e mir nichts. Die Liebe ist langmütig, die Liebe ist gütig. Sie ereifert sich nicht, sie prahlt nicht, sie bläht sich nicht auf. Sie handelt nicht ungehörig, sucht nicht ihren Vorteil, lässt sich nicht zum Zorn reizen, trägt das Böse nicht nach. Sie freut sich nicht über das Unrecht, sondern freut sich an der Wahrheit. Sie erträgt alles, glaubt alles, hofft alles, hält allem stand. Die Liebe hört niemals auf. Prophetisches Reden hat ein Ende, Zungenrede verstummt, Erkenntnis vergeht. Denn Stückwerk ist unser Erkennen, Stückwerk unser prophetisches Reden; wenn aber das Vollendete kommt, vergeht alles Stückwerk. Als ich ein Kind war, redete ich wie ein Kind, dachte wie ein Kind und urteilte wie ein Kind. Als ich ein Mann wurde, legte ich ab, was Kind an mir war. Jetzt schauen wir in einen Spiegel und sehen nur rätselhafte Umrisse, dann aber schauen wir von Angesicht zu Angesicht. Jetzt erkenne ich unvollkommen, dann aber werde ich durch und durch erkennen, so wie auch ich durch und durch erkannt worden bin. Für jetzt bleiben Glaube, Hoffnung, Liebe, diese drei; doch am größten unter ihnen ist die Liebe.

Paulus hatte wohl einen besonders guten Tag. Er hatte, nehme ich an, gut geschlafen, hatte gut gefrühstückt und war voller Elan und Energie. Heute setze ich meinen Brief an die Korinther fort, heute sage ich ihnen in hymnischem Schwung, was ich ihnen schon lange sagen wollte: An eurem Christ sein fehlt alles, wenn euch die Liebe fehlt. Paulus ließ sich von den Flügeln der Liebe forttragen und scheint dabei beinahe die Bodenhaftung verloren zu haben.

„Hohes Lied der Liebe“ sagen wir. Ist es nicht ein zu hohes Lied geworden, das uns in seinem Überschwang und in seiner vermeintlichen Realitätsferne Mühe macht? Das uns eher zum Widerspruch reizt als uns zu Herzen zu gehen? Man kann's auch übertreiben, könnten wir Paulus sagen wollen. Aber dann täten wir ihm Unrecht. Paulus erscheint hier wie ein Dichter. In hymnisch anmutenden Worten verdichtet er die Wirklichkeit der Liebe in einer Weise, wie sie wohl noch kaum einer je erfahren hat. Seine Worte sind nicht Ausdruck eines Realitätsverlustes, dem der Blick auf die manchmal traurige Wirklichkeit der Liebe unter den Menschen abhanden gekommen war. Paulus überspringt nichts von den Gefährdungen der Liebe. Er verdichtet seine Aussagen, so dass uns eine Ahnung überkommen kann, dass Liebe noch viel mehr sein kann, dass sie zu viel mehr in der Lage ist, als uns bewusst ist. Dabei lässt sich Paulus nicht dichterisch hinreißen, um sozusagen zügellos und maßlos zu werden. Er setzt seine Worte wohlüberlegt. Er hat seinen Sätzen eine klare Struktur gegeben.

Paulus verwendet in seinem hohen Lied den Begriff „Liebe“, griechisch „agape“, genau neunmal. Und zwar in drei Dreiergruppen. Man mag das für Zahlenspielerei halten, aber die Symbolik dieses Zahlenspiels unterstreicht das Gewicht der Aussagen. Die Drei steht für Vollendung, für Erfüllung. Man denke an den „dritten Tag“ als Tag der Auferstehung Jesu. Der neunmal verwendete Begriff der Liebe unterstreicht ihre Bedeutung im Horizont der christlichen Botschaft. Liebe ist das alles Entscheidende, und ohne Liebe ist alles nichts. Paulus drückt das in der Sprache und in den Bildern seiner Zeit aus. Mag einer noch so sprachbegabt und sozusagen in vielen Fremdsprachen zu Hause sein, was nützt ihm das, wenn er keine Liebe hätte? Mit den „Sprachen der Engel“ dürften wir unsere Schwierigkeit haben, weil wir uns in der Regel mit der Wirklichkeit der Engel überhaupt eher schwer tun. Auf den Gedanken, alle Zusammenhänge der Welt durchschauen und kennen zu können, kämen wir bei der differenzierten Wissensfülle heute wohl auch nicht mehr. Schon gar nicht darauf, im Glauben Berge versetzen zu können. Aber all das zählte nicht, wenn wir die Liebe nicht hätten. Was Paulus dann bemüht, scheint an das Paranoide zu grenzen: Hab und Gut wegzugeben oder sich öffentlich zu verbrennen. Ohne Liebe wäre das Wichtigtuerei und Effekthascherei.

Von welcher Liebe spricht Paulus überhaupt? Von der Liebe zu Gott? Zum Nächsten? Zum Fernsten? Zum Freund? Zum Feind? Zur Schöpfung? Ob Paulus unsere Nachfrage verstünde? Denn er spricht offenbar von der Liebe als der alles bestimmenden Grundkraft des Lebens. Liebe halte allem stand, sie schultere alles, lasse sich alles aufladen. Er grenzt sie ab gegenüber menschlicher Erkenntnis und prophetischem Reden. In der Tat: Sagt man nicht, nur die Liebe sehe gut? Sehe besser als alle bruchstückhafte Erkenntnis? Man denke an das Augustinuswort: „Ama et fac quod vis". Liebe, und tu, was du willst. Dieses Wort lädt nicht zu Verantwortungslosigkeit und Libertinismus ein, noch weniger zu Egoismus und Selbstversponnenheit, sondern zu einer Lebenshaltung, in der alles von der Liebe unterströmt wird.

Jetzt schauen wir in einen Spiegel und sehen nur rätselhafte Umrisse, aber dann schauen wir von Angesicht zu Angesicht. Es reizt, diesem Satz des Paulus ein Gedicht von Bert Brecht aus dem Jahr 1939 gegenüberzustellen, das er überschrieb „Schlechte Zeit für die Lyrik". Darin heißt es in Ausschnitten:

Ich weiß doch: nur der Glückliche
ist beliebt. Seine Stimme
hört man gern. Sein Gesicht ist schön.

Der verkrüppelte Baum im Hof
zeigt auf den schlechten Boden, aber
die Vorübergehenden schimpfen ihn einen Krüppel
doch mit Recht.

In mir streiten
die Begeisterung über den blühenden Apfelbaum
und das Entsetzen über die Reden des Anstreichers.
Aber nur das zweite drängt mich zum Schreibtisch.

Was Brecht zum Schreibtisch drängte und ihn zugleich zu schreiben hinderte, waren rätselhafte Zumutungen, die nicht nur einfach rätselhaft waren, sondern ihm Entsetzen einjagten. Entsetzen vor allem über die Reden Hitlers. Aber schon vorher der rätselhaft verkrüppelte Baum, dem es versagt blieb, schöngewachsen dazustehen. Gerissene Garnnetze der Fischer, die die Beute nicht halten. Eine gekrümmte Frau, die nicht aufrecht gehen kann. Das alles wiegt für Brecht schwer, so dass ihm ein schöngereimtes Gedicht wie Übermut vorkäme. Vor sein Auge kommen zwar die Stimme und das Gesicht eines glücklichen Menschen, das heitere Hin und Her von Booten auf dem Meer, die warmen Brüste einer jungen Frau und der blühende Apfelbaum. Aber was ihn zum Schreibtisch drängt, ist das Entsetzen über das Unzumutbare, über das Verrätselte der Hitlerzeit. Das verdirbt ihm die Lyrik. Deshalb: „Schlechte Zeit für die Lyrik".

Darf man das Gedicht Brechts dem Satz des Paulus an die Seite stellen, dass wir jetzt wie in einem Spiegel schauen und nur Rätselhaftes sehen? Auch Paulus unterschlägt nicht die Rätselhaftigkeit des Lebens, unterschlägt nicht die Tatsache, dass das Leben von uns her nicht aufgeht, dass es ein rätselhaftes Torso bleibt. Aber es lichtet sich für ihn in einem Dann, wenn wir von Angesicht zu Angesicht schauen. Er sieht sich nicht der Rätselhaftigkeit ausgeliefert. Was ihn drängt, ist die Zuversicht, dass sich die Rätsel, das Unzumutbare, das Entsetzen lichten werden. Aus welcher Kraft, aus welcher Dynamik heraus? Aus der Kraft der Liebe. Aber welcher Liebe? Hier wechselt das Subjekt der Liebe vom Menschen zu Gott als Subjekt und Quell aller Liebe. Einer Liebe, die niemals endend auf unser Leben einstrahlt und uns zu ihren Nachahmern macht.

Uns einen guten Reim auf das Leben zu machen, ist kein unbegründeter Übermut, sondern darin spiegelt sich die Liebe Gottes, die auf unser Leben einstrahlt und uns befähigt zu Glaube, Hoffnung und Liebe. Am größten aber ist die Liebe.

Printed by Books on Demand GmbH, Norderstedt / Germany